KB202324

할복

국립중앙도서관 출판시도서목록(CIP)

할복: 일본인은 어떻게 책임지는가/
지은이: 야마모토 히로후미; 옮긴이: 이원우.
– 서울: 논형, 2013
    p.;   cm. – (논형일본학: 34)

원표제: 切腹: 日本人の責任の取り方
원저자명: 山本博文
일본어 원작을 한국어로 번역
ISBN 978-89-6357-417-2 94910: ₩15000

일본사[日本史]

913.04-KDC5
952.025-DDC21   CIP2013029388

할복

일본인은 어떻게 책임지는가

야마모토 히로후미 지음/ 이원우 옮김

논형

할복
일본인은 어떻게 책임지는가

초판 1쇄 인쇄 2013년 12월 20일
초판 1쇄 발행 2013년 12월 30일

지은이 야마모토 히로후미
옮긴이 이원우
펴낸곳 논형
펴낸이 소재두
등록번호 제2003-000019호
등록일자 2003년 3월 5일
주소 서울시 관악구 성현동 7-77 한림토이프라자 6층
전화 02-887-3561
팩스 02-887-6690
ISBN 978-89-6357-417-2 94910

값 15,000원

머리말
431명의 할복사연

에도시대에 불상사를 일으킨 무사는 배를 가름으로써 책임을 졌다. 문제는 어느 정도의 실수로 할복까지 할 필요가 있었는가 하는 것이다.

막말에서 명치 초기에 걸쳐 아키 히로시마安芸広島의 번주였던 아사노 나가고토浅野長勲는 식사에 관련한 일을 회상하면서 다음과 같이 말하고 있다(「다이묘의 일상생활大名の日常生活」).

> 간혹 음식물 안에 이물질이 들어 있는 경우가 있어 그것을 다른 사람에게 보이지 않게 하려고 숨기기도 했는데 큰 이물질은 감출 수가 없어 애를 먹었다. 한 번은 어찌되었던 일인지 쥐똥이 들어 있어 그것을 감출 수가 없었는데, 이것 때문에 큰 소동이 일어난 적이 있었다. 이 건은 그냥 두면 담당자가 배를 갈라야 하기에 특별히 용서를 했다. 그것도 그냥은 용서할 수 없기에, 어쩔 수 없는 이유 때문에 그렇게 되었다는 변명거리를 일부러 만들어서 용서해주기로 했다.

번주의 식사에 쥐똥이 들어가기라도 하면 급사를 맡았던 담당자들(코쇼오小姓, 코난도小納戸, 혹은 젠방膳番 등)은 조사를 받고 책임을 져야 했다. 그리고 그 책임이란 것은 '그냥 두면 배를 갈라야 하는' 가혹한 것이었다.

작은 실수로 배를 갈라야 하는 자가 나오지 않게 하기 위하여 번주는 밥 속의 작은 이물질 등은 감추려고 한 것이다. 그럴듯한 이유도 내세워 가면서 실제로는 할복자가 나오지 않도록 배려를 하는 것도 번주의 마음 가짐이었다.

에도시대에는 죽을 만한 죄나 실수도 아닌 일로 처형을 당하는 일이 자주 있었다. 에도시대의 무사는 매우 엄격한 윤리가 요구되었으며, 오늘날 같으면 별 문제도 안 되는 일로 할복이 강요되었던 것이다.

예를 들면 사츠마번薩摩藩에서는 귀가시간을 어긴 것 때문에 할복을 명령받기도 했다.

어느 하타모토¹⁾가 귀가시간에 늦어 할복하게 된 사츠마번사의 구명을 탄원했던 바, 번주는 흔쾌히 용서하려고 했지만 번의 가노家老가 할복을 하지 않은 것은 괘씸하다하여 재차 할복을 명하고 카이샤쿠介錯²⁾를 담당할 무사에게도 제 때에 하지 않았다는 이유로 할복을 명했다는 이야기도 있다(北原進『百萬都市江戶の生活』).

진짜 있었던 일이었는지는 모르겠지만, 가령 소문에 지나지 않았다 하더라도 이와 같은 일도 있을 수 있다고 생각되는 사회였다.

또한 실수나 부적절한 행동뿐만이 아니라 타인에게 모욕당한 것만으로도 할복의 원인이 되었다. 구 막부의 신하이었던 혼다 스스무本多꿈는 동거하고 있었던 혼다 미노스케本多巳之助라는 자가 타인으로부터 모욕을 받았다는 이유로 할복을 한 사건을 소개하고 있다(『屠腹=關スル事實』).

미노스케는 유명한 유술가로부터 타인에게 전수해도 된다는 면허

---

1) 에도시대의 장군가의 무사. 1만 석 미만으로 장군에게 알현할 수 있는 무사.
2) 할복하는 사람 옆에서 할복하는 사람이 칼을 배에 갔다 대는 순간에 그 목을 쳐서 죽음을 도와주는 일 또는 그 사람.

를 받은 정도의 실력자로 수행에도 열심이며 정직 일변도의 무사였다. 도쿠가와 요시노부德川慶喜의 상경 중 경도까지 수행한 미노스케는 동료와 말다툼을 하던 중 크게 모욕을 당했으나 니조조二条城[3] 안이었기에 일단 굴욕을 참았다가 이삼일 후 야밤에 할복을 했다고 한다. 혼다는 다음과 같이 회고하고 있다.

동료에게 창피를 당했지만, 전중殿中이었기에 참고 돌아와 체면을 세우기 위해 깨끗하게 자살한 것은 옛날의 무사기질이었기에 원망도 받지 않았을 뿐만 아니라 사람들로부터 칭송을 받았다. 그 결과 동생인 킨고로오金五郎에게 가문의 상속이 허용되었다.

막말이라도 체면을 중시여기는 무사기질은 건재했다. 게다가 이러한 자멸행동이 무사답다고 칭송까지 되었던 것이다. 이 일은 지금으로부터 겨우 140여 년(1864년) 전의 사건이다.

제3장에서 소개하겠지만 결과적으로 재정정책이 제대로 효과를 보지 못했을 때에는 그 담당자에게 할복이 명령된 일도 있었다.

예를 들면 경제재정·금융대신인 다케나카 헤이조竹中平蔵 씨가 인플레이션 정책을 취해 지폐를 남발했다고 하자. 그 경우 물가가 등귀하고 서민들은 곤궁한 나머지 다케나카 씨를 원망하게 될 것이다. 그러나 그 정도의 일로서 다케나카 씨가 책임추궁을 당하지는 않을 것이다. 있다하더라도 겨우 사직정도일 것이다.

그러나 에도시대라면 그 정도로서는 끝나지 않는다. 어떤 재정정책이 잘못되었을 경우 정책의 타당성이 조사되고 정책입안자의 잘못된 견해에 의한 것이라면 다음과 같이 언도된다(『会津藩家世実記』).

---

3) 1603년 도쿠가와 이에야스德川家康가 교토고쇼(京都御所)의 수호본부이자 임시숙소로 만든 성.

국민들을 매우 윤택하게 하겠다고 종종 말하고 있었는데, 오히려 대단히 불이익이 되어 백성 모두가 고통 받는 정책으로, 그 죄는 가볍지 않고 괘씸하기 짝이 없다.

즉, 선언문 중의 '괘씸하기 짝이 없다'라고 하는 표현은 중죄의 경우에 사용되는 상투적인 문구이다. 아이즈번에서는 번찰藩札발행을 실시해 물가등귀를 초래한 담당자가 할복에 처해졌다. 에도시대에는 주관적인 의도가 아닌 결과책임이 물어졌던 것이었다.

또한 특별히 나쁜 잘못이 없더라도 무사에게 어울리지 않는 행동을 했다고 간주되면 그것만으로도 할복에 상당하는 죄가 되었다. 나중에 자세히 기술하겠지만 다른 번과의 분쟁을 회피하기 위하여 신중한 태도를 취했던 무사가 뜬금없는 세상의 소문에 휩쓸려 마침내 번 당국의 조사를 받게 되고 사실을 진술하는 과정에서 점점 입장이 나쁘게 되어 마침내 할복을 하지 않으면 안 되는 경우에 다다른 경우도 있다. 겨우 하나의 경미한 잘못된 판단이 일신의 파멸로 이어지는 일도 있었던 것이다.

이 책에서 언급되는 할복자는 431명에 이른다. 어떤 일을 한 무사가 무슨 이유에서 할복을 명령받았을까. 또 에도시대에 성립한 할복이라는 형태의 책임을 지는 방법은 현재의 일본인에게 어떠한 영향을 미치고 있는 것일까.

이러한 점에 유의하면서 이 책을 읽어주길 바라며 일본적 책임을 지는 방법의 아름다운 점과 그것과 불가분의 관계에 있는 결점에도 동시에 독자 여러분의 주의를 기대한다.

목차

1장
하라키리腹切의 약사略史

1. 할복의 원인들

언제부터 누구에 의해 할복이 시작 되었는가

할복切腹, 셋뿌쿠이라는 자결방법은 '하라키리'라는 명칭으로 유럽에서도 유명하다. 할복의 풍습은 『몽타누스 일본지日本誌』에도 기술되어 있는데(159쪽 칼럼 참조), 이것이 유럽에 널리 알려지게 된 것은 게이오慶應 4년(1868) 2월 23일 사카이堺의 경비책임을 맡았던 도사번사土佐藩士가 프랑스 수병을 살해해 그 중 11명이 프랑스공사가 지켜보는 가운데 차례로 배를 갈랐던 사카이사건(157쪽 칼럼 참조)에 유래한다고 생각된다.

할복을 한 도사번사들은 자신들의 행동을 일본남아의 기개를 보여주는 것으로 생각했지만, 유럽인들은 할복을 야만적인 풍습으로서밖에 이해하지 않았다. 이와 같은 견해를 알게 된 니토베 이나조오新渡戸稲造는 영문으로 쓴 저서 『무사도武士道』 중에서 할복을 옹호했다.

셰익스피어는 『줄리어스 시저』 중에서 브루투스가 배에 검을 찌르는 장면을 기술하고 있는데, 영혼과 애정이 깃들어 있는 장소인 배를 가르는 것은 불합리한 일은 아니라고 할 수 있다. 더구나 그것은 단순한 자결의 수단이 아니고 '법률상 및 예법상의 제도'이기도 했다.

즉 할복은 '무사가 죄를 보상하고, 잘못을 사죄하고, 수치를 면하고, 벗에게 속죄하거나, 혹은 자기의 성실을 증명하는 방법'으로 '극도의 냉정한 감정과 태도의 침착함이 없고서는' 실행할 수 없는 무사에게 어울리는 '세련된 자살'이었다고 할 수 있다.

이처럼 무사에게 있어 할복은 명예로운 자결의 수단이었다. 그리고 할복이 명예로운 것이었기에 무사에게 고용된 고용인은 물론 농민, 초닌町人[1]들도 자결할 때에는 할복을 택하는 자가 많았다.

일본에 있어 할복은 헤이안시대의 대도大盜로서 유명한 하카마다레

일본 고대의 할복 모습(동경대학 사료편찬소장 『待賢門平治合戰』에서 인용.).

袴垂의 할복(988년)이 최초라고 전해지고 있다. 하카마다레의 할복은 밀고자가 있어 궁지에 몰린 끝에 행해진 할복이었다. 그 후, 형인 미나모토노 요리토모源賴朝에 쫓겨서 오오슈奧州로 도망간 요시츠네義經의 할복, 조오큐承久의 난 때(1221년)에 고토바상황後鳥羽上皇 지배하의 북면무사北面の武士에게 습격되어 할복을 한 이가판관伊賀判官 미츠스에光季 부자

---

1) 에도시대 때 도시에 거주했던 상·공업자의 총칭. 좁은 뜻으로는 집을 소유한 자·지주를 말하며, 상점이나 땅을 빌린 자는 포함되지 않는다. 중세까지는 신분으로서 명확하게 성립하고 있지 않았지만, 근세 초기의 병농분리정책에 의해 사·농 계층과 구별해서 고정화되었다. 신분적으로는 하위에 있었지만, 환전상·쌀 중개상, 금융업자 등은 부를 축적해서 영주의 경제를 움직였고, 또한 초닌문화의 담당자가 되었다.

父子 등 차츰 할복하는 무사가 나타나게 되었다(大隈三好,『切腹の歷史』).

단, 겐페이源平 내전에서 평 씨平氏 측 무사는 패배가 결정된 후에 물에 뛰어들어 자살했으며, 요시츠네도 자결하기 직전, '자결自害은 어떻게 하는 것이 좋다고 이야기되고 있는가'라고 묻고 있는 점(『義經記』)에서 무사의 자결은 할복이다라고 반드시 정해져 있지는 않았다.

할복이 무사들의 자결방법으로 정착되는 것은 무사의 시대가 된 가마쿠라鎌倉시대 이후라고 생각된다. 가마쿠라 말기의 막부멸망 시에는 많은 할복자가 나타나고 있다. 할복의 풍습은 무사사회의 성숙과 함께 확립되었다고 하겠다.

왜 "배腹"인가?

그러면 무사의 자살은 왜 할복이어야만 되었는가.

오오쿠마 미요시大隈三好 씨는 다음과 같이 기술하고 있다(앞의 책).

무사도에서 제일 요구되어지는 것은 무용武勇으로 무용에 능한 것이 무사의 최고의 자랑과 영예로 여겨졌다. (중략) 무용을 과시하는 것을 신조로 여기는 무사가 스스로 자신의 생명을 끊지 않으면 안 되었을 때, 가장 용감함과 기력을 필요로 하는 할복을 선호했다는 것은 지극히 당연한 일이다. 그들에게 있어 목을 매는 자살과 투신자살 등은 여자나 아이들이 하는 방법으로 무사에게 있어서는 가장 수치스런 방법이었다.

이는 할복이 '가장 용감함과 기력을 필요로 하기'에 무사의 자결 수단으로서 정착했다는 견해로서 상식적인 생각이라고 할 수 있다. 전투에서 죽는 것이 명예였던 시대였기에 전사까지는 아니더라도 그와 동등한 화려한 죽음의 방법을 택해 후세에 이름을 남기고자했던 점은 이해된다.

이에 대해 치바 토쿠지千葉德爾 씨는 민속학의 입장에서 보다 깊이 있게 할복의 풍습을 분석하고 있다(『일본인은 왜 할복을 하는가日本人はなぜ切腹するのか』). 치바 씨는 니토베 이나조오의 "특히 신체의 복부를 택해서 가르는 것은 복부가 영혼과 애정이 머무는 장소라는, 옛날부터의 해부학적 신념에 근거한 것이다"(『武士道』)라는 주장을 재평가하고, 원래 할복은 "사람이 자기의 본심 혹은 진심을 나타내기 위한 수단으로, 그것도 최후의 확실한 방식이었다"고 한다. 이는 널리 아시아에 존재하는 관념으로 일본에서는 동북일본에서 발생한 것이라고 한다.

그리고 이러한 관념은 시대가 지남에 따라 변화해갔는데, 특히 오닌應仁의 난[2](1467년)의 영향이 커서, 이 동란의 시대에 할복의 관념도 변화를 해 지금까지의 의의는 상실되어 갔다고 한다.

> 재래의 습관, 풍속 중에서 대부분이 그 형식이나 의의를 상실하고 급속하게 변형되어 갔거나 혹은 소멸해가는 가운데, 무사의 마음을 표시하기 위해 배를 가르는 자결의 방식도 배를 십자형으로 가르는 형식은 남았지만, 내장을 드러낸다고 하는 이전의 의미는 발생한 그 시대적 의미를 상실하고, 단순히 대중의 관심을 끌고 화려하게 용자勇者다운 모습을 드러내는 정도에 그치게 된 모양이다.

치바 씨의 이 추론은 타당하다고 할 수 있다. 확실히 할복은 용맹스러운 자결의 방법에 머무는 경우가 많았다.

---

2) 오닌의 난은 일본 무로마치室町시대인 오닌應仁 원년(1467년) 1월 2일에 일어난 쇼군將軍 후계 문제를 둘러싸고 지방의 슈고 다이묘守護大名들이 교토京都에서 벌인 항쟁.

진심은 배속

그러나 자기의 진심을 표시하기 위해 배를 가르는 경우가 완전히 없어진 것은 아니다. 현재에도 죽음으로서 자신의 결백을 증명하기 위한 자결이라는 방법은 남아 있는데, 어딘가 마음 한구석에는 이러한 의식이 남아 있다고 할 것이다.

1739년에 완성된 오카야마岡山번사 유아사 조오잔湯浅常山의 『상산기담常山紀談』에는 도쿠가와 이에야스와 그의 가신家臣 나루세 마사나리成瀬正成에 관한 흥미로운 대화가 기록되어 있다.

> 도요토미 히데요시가 오사카에서 말 점검을 하고 있을 때, 홍색의 말 재갈을 한 건강한 흑마에 탄 무사가 있었다. 누구냐고 묻자, 이에야스가 "도쿠가와가의 무사 나루세 고키치입니다"라고 대답했는데 히데요시는 거듭 물었다.
>
> "녹祿은 얼마인가?"
>
> "이천 석을 지급하고 있습니다."
>
> "음, 나에게 봉사하면 5만석을 지급할 텐데."
>
> 그 후 이에야스는 나루세를 불러 사정을 얘기하고 물었다.
>
> "히데요시에게 봉사 하겠는가?"
>
> "무슨 말도 안 되는 말씀을 하십니까?"
>
> "아니 그렇지가 않다. 히데요시에 봉사하면 너를 위해 좋을 것 같아 얘기하는 거다."
>
> 그러자 나루세는 눈물을 흘리면서 말했다.
>
> "불초의 몸으로서 녹을 받고 있는데, 주군을 버릴 수 있는 자로 생각하고 계시는 것을 모르고 있는 것은 어리석었습니다. 단지 하루라도 빨리 자결해서 마음을 밝히고 싶습니다."

자결의 방법이 할복이라고는 기록되어 있지 않지만, 에도시대에는 무사가 자결한다고 하면 할복 이외에는 없었을 것이다. 이 일화에는 자신의 진심을 주군에게 알리기 위해서는 배를 갈라 보이는 수밖에 없다는 관념이 엿보인다. 처벌로서 명령되어지는 할복이 아닌, 결백의 증명이라는 의미의 할복이 분명이 존재했다고 할 수 있다. 따라서 역으로 죄가 있는 것이 명백한 경우에는 할복 따위를 시킬 필요조차 없다. 죄를 보상시키기 위해 그 자의 목을 베면 그만인 것이다.

무사의 처벌은 참수형, 저항하는 자는 모살謀殺

중세사회에서는 무사의 처벌은 참수이며, 저항이 예상될 경우에는 모살을 하였다. 주종관계라고는 하지만 근거도 없는 주군의 할복명령에 간단히 따르는 무사는 없었다. 따라서 주군이 가신家臣을 제거하려면은 모살하는 방법밖에 없었다. 예를 들면 1183년 겨울, 미나모토노 요리토모는 가신인 가즈사노스케 히로츠네上総介広常를 가마쿠라의 진영에서 모살했다. 무가의 우두머리조차도 가신을 죽이는데 모략을 사용하지 않으면 안 되었던 것이었다.

무로마치室町시대가 되어서도 장군이 가신을 모살하는 수법은 자주 사용되었다. 아시카가 요시노리足利義教 등은 자신의 의도에 반하는 슈고守護를 차례차례로 모살한 결과, 하리마播磨 등 세 개 지역의 수호인 아카마츠 미츠스케赤松満祐에 의해 모살되었다.

또 히데요시의 가신이면서 히데요시의 분노를 사게 되어 고호오조後北条 씨에게 의탁되어 있던 비토오 토모노부尾藤知宣도, 시모츠케의 나스에서 히데요시 본인에 의해서 참수되었다(『武邊咄聞書』). 토모노부는 히데요시가 도오키치로라고 불렸던 시대부터의 가신으로, 한때는 사누키讃岐지역 절반의 영주였던 무사였다. 그러한 무사조차도 할복은 허용되지 않았던 것이다.

할복의 발상지역이라고 알려진 오오슈奧州에서도 무사의 처벌은 참수였다. 1587년 3월 15일, 다테 마사무네伊達政宗는 가신인 코야마 신스케古山新助를 참수에 처하고, 그의 처자를 창으로 찔러 죽였다. 또 같은 해 4월 10일에는, 가신 사이토오 야자에몬斉藤弥左衛門을 하인과 함께 참수형에 처했다(『伊達政宗記録事跡考記』). 아무리 무사라 하더라도 죄가 있으면 용서받지 못했으며, 만약 참수형을 피하려고 하면 스스로 할복해서 죽는 수밖에 없었다.

할복은 어디까지나 자주적인 것

한편, 무로마치시대의 군기軍記에는 엄청난 할복 기사가 실려 있다. 오오쿠마 씨는 그 특징으로서, '할복하는 방법이 거칠고 더욱 처참하게 되었다'는 점을 지적하고 있다. 배를 십자형으로 가를 뿐만 아니라 내장을 집어내어 절 천장에 집어 던진다든지 건물의 전망대 밑 부분에 내친다든지 하는 무사의 모습이 묘사되어 있다.

그리고 또한 본래는 자주적이던 할복이 '징벌적 혹은 형벌적인 요소'를 갖게 되었다는 점도 지적하면서, 1438년에 일어난 에이쿄永享의 난 때에 가마쿠라 쿠보오鎌倉公方[3]인 아시카가 모치우지足利持氏 등의 할복 (1439년)이 그 시초라고 하고 있다(앞의 책).

그러나 그것은 무로마치장군 아시카가 요시노리足利義教가 에이안지 永安寺에 머물고 있던 모치우지를 관동관령[4]인 우에스기 노리자네上杉憲

---

3) 무로마치室町시대에 가마쿠라부鎌倉府에서 관동関東 8개국 및 이즈伊豆 · 가이甲斐의 10개국을 지배했던 아시카가足利 씨의 칭호.

4) 무로마치막부의 직명. 가마쿠라쿠보오鎌倉公方의 보좌역으로 우에스기 노리아키上杉憲顕가 임명된 후로는 그의 자손이 세습을 했다.

実에게 공격시켜서 자결시킨 것이기에(杉山博,「永享の乱」), 반드시 형벌이라고 말하기는 어렵다. 또한 모치우지의 장자인 요시히사義久도 할복은 했지만, 차남과 삼남인 하루오春王·야스오安王는 체포되어 미노국美濃国 타루이垂井에서 참수되었던 것이다.

무로마치시대에는 이처럼 신분이 높은 무사일지라도 에도시대처럼 차분하게 배를 가르는 것은 허용되지 않았다. 쫓겨서 하는 수없이 배를 갈랐던 것이었다.

이윽고 세상이 전국시대가 되면 싸움에서 패한 성주의 할복이 두드러지게 된다. 이에 관해서는 마츠다 오사무松田修 씨가 많은 사례를 들면서 고찰을 하고 있다(『문신·성·죽음刺青·性·死』). 성주는 패배가 확실해지면 스스로 할복을 하는 대신에 가신들의 생명을 구할 의무가 있었던 것이다.

가신의 생명을 구한 가장 유명한 할복은 하시바 히데요시羽柴秀吉에게 수공水攻을 당하고 있던 빗츄 타카마츠備中高松의 성주 시미즈 무네하루清水宗治의 할복인데, 이것도 당시의 무장들 사이에서는 대장이 할복을 하면 가신들은 살려 준다는 관념이 있었던 것을 나타내고 있다.

성주의 할복은 가신들의 생명을 구하기 위해 자주적으로 행하는 것으로 '징벌적 혹은 형벌적인 요소'인 것으로는 말하기 어렵다. 가령 실제로는 할복을 강요받은 것이라 할지라도 자주적인 죽음이라는 형식은 지켜졌던 것이다.

할복은 형벌로서 행해졌다하더라도 자주적인 죽음이라는 형식이 취해졌다. 관백關白[5] 도요토미 히데츠구豊臣秀次는 다수의 무고한 사람을 살

---

5) 성인이 된 후의 천황을 보좌해서 정무를 담당하던 중직. 헤이안 중기 후지와라노 모토츠네 藤原基経가 최초이며, 1867년 12월 9일의 왕정복고에 의해 폐지되었다.

해해서 살생관백으로 불리고 있었는데, 1595년에 백부인 도요토미 히데요시豊臣秀吉에 의해 할복을 명령받게 되었다. 이는 명백히 형벌이었지만, 히데요시의 친족이기도 하며 관백이라는 신분이기에 자주적인 죽음의 형태가 허용되었다.

적이지만 멋진 무사에게는 할복을

전투에 패해서 붙잡힌 무사는 참수형에 처해지는 것이 일반적이었다. 세키가하라関ヶ原의 전투[6]에서 패한 이시다 미츠나리石田三成나 코니시 유키나가小西行長도 참수형에 처해졌다. 그러나 무사로서 평가할만한 점이 있는 경우에는 할복이 허용된 경우도 있었다. 『아사이삼대기浅井三代記』가 전하는 다음의 일화는, 이러한 매우 드문 경우 중의 하나이다.

> 1521년, 기타오오미北近江의 전국戰國다이묘인 아사이 스케마사浅井亮政는 강남의 롯카쿠 사다요리六角定頼와 화친을 맺었다. 그런데 가신인 이마이 요리히로今井頼弘 등 세 명이 적과 내통하고 있었던 것이 발각되어 고타니성에 세 명을 불러 조사를 하게 되었다. 그러자 요리히로 등은 당당하게 있는 그대로 실토를 했다. "과연 이름이 알려진 무사인 만큼 자신의 죄를 조금도 감추지 않고 실토한 것은 가상하다." 스케마사는 이렇게 말하며 세 명이 농성하고 있던 신쇼오지神勝寺에서 할복하도록 명령했다.

적과 내통한 죄에 대해서는 참수형이 당연하다고 생각되지만, 이름

---

6) 1600년 9월 15일, 세키가하라에서 도쿠가와 이에야스德川家康 등의 동군이 이시다 미츠나리石田三成 등의 서군을 격파한 전투. 도요토미 히데요시가 죽은 후, 천하의 실권을 장악한 이에야스는 미츠나리와 대립을 해, 서로가 여러 다이묘들을 규합해서 싸웠는데, 고바야카와 히데아키小早川秀秋의 배신으로 서군이 참패를 하고, 미츠나리 등은 처형되었다.

있는 가신으로 행동이 가상하였기 때문에 할복이라는 처벌이 내려진 것이었다.

비슷한 사례는 『총견기總見記』에 기록된 오다 노부나가織田信長에 의한 처벌에서도 볼 수 있다.

아네가와姉川전투에서 노부나가군信長勢은 아사쿠라 요시카게朝倉義景의 군대를 격파하고 많은 수급을 취했는데, 그 외에 요시카게의 부장 카네마키 야로쿠자에몬印牧彌六左衛門을 생포했다. 노부나가는 카네마키를 불러서 물었다.

"그대는 이름이 알려진 용사이다. 어떻게 해서 생포 되었는가."

"저는 수차례 적과 싸워 숨이 가쁘고 몸이 지쳐있었기 때문에 이처럼 생포 되었습니다."

노부나가는 그의 정직한 답변에 감동을 해서 투항해있던 아사쿠라의 가신 마에나미 쿠로베에前波九郎兵衛를 통해서, '살려 줄테니 우리 편이 되어 길 안내를 하라'고 제안 했다.

그러나 카네마키는 "주군 요시카게가 보는 앞에서 충의로운 전사는 못했지만, 적에게 잡혀 목숨을 부지하려고는 생각하지도 않습니다. 빨리 목을 쳐주십시오"라고 대답했다.

그러자 마에나미가 카네마키의 목을 치려하자 카네마키는 말했다.

"무릇 사무라이가 적에게 생포되는 일은 예나 지금이나 드문 일은 아니지만, 졸병과 마찬가지로 목이 잘리는 것은 생각지도 못한 일이다. 단지 본인이 원하는 바는 할복이다."

이를 보고받은 노부나가는 "적이지만 지조가 있는 자이다. 포승줄을 풀고 배를 가르게 하라"라고 하면서 검시관을 파견해 카네마키의 할복을 허용했다.

카네마키는 1573년 할복함으로써 생을 마감했다.

노부나가는 상대가 적이지만 멋진 무사라고 하면서 특례로서 할복을 허용한 것이었다. 카네마키의 말에서 알 수 있듯이 졸병에 대해서는 참수형이 당연하였지만, 생포된 적의 말로는 본래 참수형이었을 것이다.

이처럼 할복은 처벌의 의미가 있는 경우에도 특별한 배려로 행해졌던 것이다.

무사신분과 할복형의 성립

에도시대가 되자 무사의 사형 죄로서는 할복이 일반적인 것이 되었다. 이는 무사신분이 확립되고 무사들에 대한 처우로서 할복이 어울린다고 생각되어지기 시작했기 때문이다. 다음에 예로 드는 사건에 등장하는 두 사람의 무사의 할복은, 무사에 대한 처벌이 차츰 할복으로 정착되어왔음을 나타내고 있다(「이케다가이력약기池田家履歷略記」,「당대기當代記」).

1607년, 도쿠가와 이에야스의 은거처인 슨뿌성駿府城의 수축이 시작되었다. 히메지번주 이케다 데루마사는 이에야스의 짐을 에도에서 슨뿌로 배로 옮기는 것을 담당하게 되어, 칸 코사에몬이라는 근신(코쇼오구미小姓組)을 선박담당관(후나부교船奉行)에 임명했다. 때마침 그때 사자로서 슨뿌에 와 있던 시마즈가(島津家, 즉 薩摩藩)의 사람이 시미즈항에서 배에 유녀를 태우고 주연을 베풀고 있었다. 이케다가의 배승무원이 그것을 보고 야유를 하자 모욕을 받았다고 느낀 시마즈가의 무사는 그 배로 올라와서 배승무원 4-5명에게 상처를 입혔다.

육지에 있었던 코사에몬은 그 사건을 보고받자 시마즈가의 무사를 에지리江尻까지 추격해서 시마즈가의 배에 올라 타 선박담당관 두 명 중 한 명과 하인 4-5명을 베어 죽였다. 그리고 남은 한 명의 선박담당관을 배의 들보에 묶은 다음 자기의 성명을 말한 뒤 돌아 갔다.

시마즈가에서는 배에 묶인 무사를 할복시키고 이케다가의 무사도 처벌하게 하라고 막부에 요구했다.

데루마사는 "코사에몬이 시비를 건 싸움도 아니고 시마즈가에서 행패를 부렸기에 어쩔 수 없었던 일"이라며 가신의 구명운동을 하였지만, 막부의 사자 미우라 시마노카미三浦志摩守는, "싸움을 하면 양측을 모두 처벌하는 막부의 법(겐카료세이바이喧嘩両成敗)이 있기에 살려주기는 어렵다고" 주장했다. 하는 수 없이 데루마사는 코사에몬에게 할복을 시키기로 했다. 시마즈가에서 배에 묶인 선박담당관을 할복시킨 이유는 "수치를 당했다"는 이유에서였다. 무사가 포박 당했다는 것은 전투자로서 더할 나위없는 수치인 것이다. 그러한 수치를 씻는 방법은 할복 이외에는 없는 것이다.

본래 이러한 경우에는 본인이 자주적으로 배를 갈라야 하는 것이 이치에 맞는 일이지만, 본인이 할복을 하지 않기 때문에 할복을 명령해서 자주적인 할복의 형태를 취하게 한 것이다.

이 무사는 죄를 범한 것은 아니다. 단지 수치를 당했을 뿐이었다. 따라서 할복명령이 형벌이라면 매우 심한 형량이라고 할 수 있다.

그러나 잃어버린 체면을 회복하기 위한 것이었다고 해석을 한다면, 할복은 은혜라고도 할 수가 있다. 할복이 형벌로서 작용을 한 것은 전투자로서의 무사라는 허구를 유지하기 위한 방편이었다고 할 수 있다.

그런데 이러한 희생을 낸 시마즈가의 요구 때문에 제2의 할복자가 생기게 되었다. 코사에몬은 이때 31살이었다. 할복에 즈음해서 연로한 아버지 소오베에惣兵衛를 친구인 아타카 지로사에몬安宅次郎左衛門에게 부탁했는데 유서에 해당하는 그의 글(「啓文書」)은 감동적이다.

한 자 적어둡니다. 저는 생각지도 못한 일을 당하여 슨뿌에서 할복을 합니다. (중략) 죽는 것은 평상시에 원하던 바이지만, 주군를 위하여 제대로 활약도 못하고 이러한 일로 죽는 것을 매우 유감스럽게 생각합니다. 그러나 사람의 생사는 예측할 수 없는 일이므로 어쩔 수가 없습니다. 아버지 소오베에는 연로하시기 때문에 그대가 모시고 나날이 위로해 주십시오. 부탁드립니다. 아버지도 앞으로 1-2년이므로 부디 부탁드립니다.

전국시대라면 이러한 일이 있더라도 자기 집에 숨겨버리면 그만이다. 그러나 도요토미 정권성립 이후 다이묘들의 교제가 시작되었기 때문에 다이묘끼리의 분쟁을 해결하지 않으면 안 되는 경우에 이러한 불행한 사례가 발생하는 것이다.

이 할복은 겐카료세이바이喧嘩両成敗법에 의한 처벌로서의 할복이다. 그러나 객관적으로 보면 시마즈가에서 한 명이 배를 가른 이상, 이케다가에서도 그에 상응하는 희생을 치러야 한다는 관념이 작용한 결과이다.

그리고 3살이었던 코사에몬의 적자 구로타로오九郎太郎에게는 가록인 400석이 지급되었다. 데루마사는 5살 때에 등성한 구로타로오를 무릎에 앉히고 자상하게 말을 걸었다고 한다.

도쿠가와 막부에 의한 할복형의 시초

도쿠가와가에서도 일찍이 하타모토에 대해서 할복을 명령한 사례가 있다. 1604년 7월 15일, 슨뿌성에서 말다툼을 한 뒤 오오테문大手門에서 기다렸다가 말다툼 상대방인 하나이 코겐타花井小源太 등을 베어 죽인 근신 츠게 마사카츠柘植正勝에게 할복을 명한 것이 그 시초이다(『大日本史料』第十二編之二).

이처럼 할복은 우선 겐카료세이바이의 조치로서 채용되었다. 싸움

켄카,喧嘩은 무사로서의 존재 그 자체와 관련되는 것으로 필요한 때에 싸움을 할 수 없어서는 무사로서의 존재가치가 의문시된다. 때문에 싸움은 종종 일어났지만, 분쟁을 후일까지 끌지 않기 위해서 살아남은 자에게는 할복을 명령할 필요가 있었던 것이다.

이에야스시대에는 싸움 이외에는 아직까지 할복이 아닌 처벌이 내려졌다. 막부의 대관代官 오오쿠보 나가야스大久保長安는 그의 사후, 생전의 부정이 발각이 되어 남아있던 금은 등의 재산은 전부 몰수되고 도오주로오藤十郎 등 7명의 자식은 각각 위탁된 곳에서 처형(참수형)되었다고 전해진다(『大日本史料』第十二編之十一).

아직 살벌한 기풍이 남아있었던 게이초기(慶長期 1596-1615년)에는 처벌로서 할복은 어디까지나 예외적인 은전이었다. 그러나 이에야스 사후, 2대장군인 히데타다秀忠는 처형보다는 할복을 명령하게 되었다. 1621년 9월 7일, 히데타다는 미노국美濃国 대관 구리하라 모리키요栗原盛清에게 할복을 명령하고, 그의 자식 모리스미盛澄를 무츠 모리오카번주陸奥盛岡藩主 남부 토시나오南部利直에게, 모리츠구盛次를 가즈사上総 대관 다카무로 마사나리高室昌成에게 위탁시키고 있다(『大日本史料』第十二編之三十八). 모리츠구는 후일 무츠 히로사키번주弘前藩主 츠가루 노부히라津軽信牧에게 위탁되었다. 「츠가루구기津軽舊記」에 의하면, 할복의 이유는 미노국 대관으로 근무하고 있던 모리키요의 부하 모쿠노스케란 자가 도망을 가고, 연공수입에 의심이 가는 등 과실이 있었기 때문이었다. 모리키요는 가와고에번주川越藩主 사카이 타다토시酒井忠利에게 위탁된 뒤 당일 날 할복이 명령되었다.

연공을 횡령하는 등의 경제적인 범죄는 종래에는 참수형이었다. 그것이 할복만으로 끝난 것은 사회의 변화를 나타내는 것이기도 하다.

무사사회의 질서화

1623년 5월 12일, 전장군 히데타다의 근신西丸小十人組 마츠다이라 진자부로로松平甚三郎가 조장 니시야마 하치베에西山八兵衛에게 험담을 하고, 니시야마가 그것을 감찰관目付에게 보고하자 진자부로에게 할복명령이 내려졌다(「元和年錄」). 험담을 당했던 자가 사적으로 복수를 하는 것이 아니라 감찰관에게 보고를 한다는 방법도 무사 의식의 변화를 나타내고 있다.

물론 성문 밖에서 잠복하고 있다가 상대를 베어 죽이면 본인도 할복을 면치 못한다. 감찰관에게 보고를 한 것은 그와 같은 일을 회피하기 위한 수단이었는데, 이러한 고식적인 수단을 문책하지 않고 험담을 한 자만을 할복에 처하는 것은 위정자의 의식변화를 나타내고 있다. 말하자면 사회가 질서화의 방향으로 나아가고 있었던 것이다.

같은 해 7월에는, 이에미츠家光의 동생 도쿠가와 타다나가德川忠長의 가신 요다 주자에몬依田十左衛門이 에도성 니시마루西丸의 하마처下馬處를 말을 탄 채로 지나간 죄로 할복을 명령받았다. 요다는 에도의 지리를 잘 몰라 그만 말을 탄 채로 통과한 것이었다. 보통이라면 용서받을 수 있는 범위 내의 과실이었지만 장군의 거처인 에도성에서의 일이었기에 엄벌에 처해졌던 것이었다(「元和年錄」).

또한 1625년 5월 27일에는 에도성 경비조원大番士이었던 오바타 후지고로오小幡藤五郎가 경도에서 온 귀족公家들이 등성하는 날에 예절에 어긋나는 행동을 했다는 죄목으로 할복이 명령되었다(「江城年錄」).

이 사건도 가슴 아픈 사건이다. 이 해 4월, 칙사가 에도에 와서 장군 세자에게 배알하러 왔는데, 그 경비를 담당하게 되었던 것이 오바타가 소속되어 있는 아베 세츠노카미阿部攝津守조였다. 운 나쁘게도 족삼리足三

里에 둔 뜸에 덮개를 씌우려고 바짓가랑이를 걷어 올린 오바타의 행동을 마침 지나가던 감찰관 이시카와 하치사에몬石川八左衛門이 보고 말았다.

오바타는 조장인 사이토오 큐에몬斉藤久右衛門에게 허가를 받았다고 설명을 했지만 이시카와는 받아들이지 않고 벌금으로 은 한 장을 부과했다.

그런데 이 사실이 이에미츠의 귀에 들어가자 이에미츠는 다음과 같이 처분을 내렸다.

> 혼마루(장군의 거처)에서 일어난 일이라면 그 정도의 일은 용서할 수가 있지만, (오오고쇼大御所, 전장군 히데타다가 거처하는)니시노마루에서 그와 같은 사려 깊지 못한 행동을 한 것은 용서할 수가 없다.

그리하여 오바타는 처음에는 벌금만으로 끝날 일로 할복을 하게 되었고, 조장인 사이토오 큐에몬은 면직 · 영지몰수카이에키, 改易에 처해졌다. 무사사회는 이처럼 의례를 중시하게 되었다.

아무리 그렇다고 해도 바짓가랑이를 걷어 올린 것만으로 할복을 하게 되었다는 것은 너무나도 가혹한 처벌이다. 이에미츠의 히스테릭한 성격을 잘 보여주는 대목이라 하겠다.

2. 순사殉死와 할복

순사의 시초

에도시대에 들어서자 할복이 자결의 수단으로서 뿐만 아니라 형벌로서 채용되었다는 것을 언급했다. 그러나 형벌로서의 할복이 많아졌다고는 하나 아직 드문 편이었다. 할복의 역사를 생각하는 데 있어 중요한 위치를 차지하는 것이 "순사殉死"이다. 형벌 때문이든 책임을 지기 위해서이든 무사에게 할복이 정착한 것은 에도시대 초기에 유행한 순사의 영향이 컸다고 생각된다.

순사는 죽은 주군의 뒤를 따라 자주적으로 자결하는 일로, 그 자결의 방법이 할복이었다는 점에서 사료상으로는 오이바라('追腹')라고 표현되고 있다.

평시에 행해진 오이바라는 1392년, 관령 호소카와 요리유키細川頼之에게 순사한 미시마 게키뉴우도三島外記入道의 사례가 처음이며, 전국시대에는 성이 함락 될 때에 배를 가르는 성주에게 근신이 뒤따르는 사례도 보인다(松田修, 前掲書). 도요토미 정권하에서는 히데요시에게 죽음을 명령받은 관백 히데츠구의 할복에 즈음해서 근신인 후와 만사쿠不破万作와 야마다 산주로오山田三十郎가 순사를 하고 있다(1595년).

에도시대에 들어서서는 도쿠가와 이에야스의 4남 마츠다이라 타다요시松平忠吉가 1607년 3월 5일에 사망했을 때에 가신인 이나가키 쇼오겐稲垣将監과 이시카와 슈메石川主馬가 순사를 하고 있다. 전 해에 타다요시로부터 추방되어 오오슈奧州 마츠시마松島에 거주하고 있던 오가사와라 켄모츠小笠原監物도 부음을 듣고 오오슈에서 에도로 달려와서는 조죠오지増上寺에서 순사를 했다. 또한 켄모츠의 동첩童妾 삿사 키나이佐々喜内도 주인 켄모츠에 뒤 따라 배를 갈랐다(「治国寿夜話」). 이처럼 순사자에 순사하는 것을 겹 순사('又殉死, 마타준시')라 한다.

같은 해 윤 4월 8일, 이번에는 이에야스의 차남 유우키 히데야스結城秀康가 사망했다. 마츠다이라 타다요시의 죽음으로부터 약 2개월 후의 일이었다. 이때에는 츠치야 사마스케土屋左馬助와 나가미 우에몬노

죠永見右衛門尉 두 사람이 순사를 했다. 또 나가미 우에몬노죠의 목을 친
介錯 다무라 킨베에田村金兵衛도 주군 나가미를 위해 순사를 했다(「慶長
見聞録案紙」).

저승의 주군과 함께 하고 싶다

이들 순사 자들은 모두가 죽은 주군과 남색 관계에 있었던 사람들이
라고 추측되는 총애를 받던 자들이었다. 마츠다 오사무 씨는 "근세 초
기의 순사는 성애나 남색과 얽혀있다"(앞의 책)고 기술하고 있다.

이 견해는 순사를 봉건제도의 부조리나 잔혹함에서만 고찰하려는
종래의 견해를 근본부터 뒤엎는 것이었다.

남녀가 애정을 맹세하는 것을 '신쥬우다테心中立て'라 하는데, 그 방법
에는 손톱을 벗기는 방법放爪, 서약 문서를 교환하는 방법誓詞, 머리카락

『色道大鑑』에 보이는 할복. 계단을 달려 올라간 자는
할복자의 남색 상대자(남색 관계에 형님에 해당).

을 자르는 방법斷髮, 문신을
하는 방법黥, 새끼손가락을
자르는 방법切指, 팔이나 허
벅지에 칼로 찌르는 방법貫
肉 등이 있었다(『色道大鑑』).
마츠다 씨에 의하면 이러한
애정의 맹세 행위는 남녀
간보다는 남색 쪽에서 먼저
실천하고 있었다고 한다.

넘쳐나는 애정을 표현하
려면 내 몸에 상처를 내는
방법밖에 없다. 죽은 주군

의 뒤를 따르는 경우, 배를 찔러 죽는 방법 외에는 애정의 표현이 없지 않았겠는가. 그렇다고 한다면, 배에 상처를 내는 것에 대한 공포는 느끼지 않았을 지도 모른다. 이런 관점이라면 순사가 할복이라는 형태를 취했다는 점도 이해가 된다. 순사는 단순히 죽는 것이 목적은 아니었다. 자기와 자기를 총애해준 주군과의 일체화가 목적이었던 것이다.

순사 붐의 도래

이들 순사자들에 대한 높은 평가는 무사들을 분기시켜, 이후 순사는 유행되기 시작했다. 주목해야 할 점은 순사가 아름다운 행위, 칭찬받는 행위가 되고나서는 남색 관계에 없는 자들까지도 순사를 하게된 것이다.

이러한 경향은 규슈지방의 토자마外樣의 큰 번에서 특징적이었다. 사츠마번을 보면, 시마즈 요시히사島津義久에 15명, 시마즈 요시히로島津義弘에 13명, 시마즈 이에히사島津家久에 9명의 순사자가 있었다. 사가번에서는 나베시마 나오시게鍋島直茂에 12명, 나베시마 가츠시게鍋島勝茂에 26명이 순사하고 있으며, 구마모토번에서는 호소카와 타다토시細川忠利에 19명이 순사를 하고 있다.

다른 지역에서도 센다이번의 다테 마사무네伊達政宗에 15명, 후쿠이번의 마츠다이라 타다마사松平忠昌에 7명의 순사자가 있었다.

이들 순사자 중에는 본래 순사할 만큼의 관계도 아닌데 유별나게 주군의 은혜를 받았다고 주장하면서 할복하는 자도 있었다(졸저『순사의 구조』). 이러한 점을 고려한다면, 순사가 애정에 의해서만 행해졌다고 할 수도 없겠다.

〈표〉에도의 순사자

번주(생몰년)		번명(藩名)	순사자 수	겹순사자 수
松平忠吉	1580~1607	清洲	3	1
結城秀康	1574~1607	福井	2	1
島津義久	1533~1611	薩摩	15	0
加藤清正	1562~1611	熊本	1	0
最上義光	1546~1614	山形	4	0
松浦鎮信	1549~1614	平戸	3	0
金森可重	1558~1615	高山	2	0
鍋島直茂	1538~1618	佐賀	12	0
島津義弘	1535~1619	薩摩	13	0
蜂須賀至鎮	1586~1620	徳島	1	0
黒田長政	1568~1623	福岡	1	0
毛利輝元	1553~1625	長州	1	0
徳川秀忠	1579~1632	(将軍)	1	0
鍋島忠直	1613~1635	佐賀	5	0
伊達政宗	1567~1636	仙台	15	5
松浦隆信	1602~1637	平戸	6	0
島津家久	1576~1638	薩摩	9	0
細川忠利	1586~1641	熊本	19	0
木下延俊	1577~1642	日出	4	0
松平忠昌	1597~1645	福井	7	0
鍋島茂賢※	?~1645	佐賀	18	4
細川忠興	1563~1645	熊本	5	0
金森重頼	1594~1650	高山	4	0
毛利秀就	1595~1651	長州	7	0
徳川家光	1604~1651	(将軍)	5	1
鍋島勝茂	1580~1657	佐賀	26	0
宗 義成	1604~1657	対馬	12	1
前田利常	1593~1658	加賀	3	0
奥平忠昌	1608~1668	宇都宮	1	0
합 계			205	13

※나베시마 시게마사鍋島茂賢는 사가번 가신으로 후카호리영주.

그러나 자기의 진심을 표하고자 한 의미에서는 같다고 하겠다.

그때까지 무사들은 싸움에서 패해 절망적인 상황에 처했을 경우를 제외하고는 무모하게 할복을 하는 일은 없었다. 그러나 에도시대 초기에 순사가 유행하자 평상시 무사들의 자결 수단으로서 할복이 일반화 되었다.

이러한 과정에서 본래라면 참수형에 해당하는 무사들의 처벌에도 할복을 명령하는 형식이 완전히 정착하게 되었다. 이러한 형태의 할복의 모습은 겐페이源平시대 때부터 있었던 것이 아니고 에도시대에 고유한 형식이었던 것이다.

3. 에도성 내의 칼부림刀傷사건

에도성의 유혈사태

에도성 내에서의 칼부림사건은 칼부림을 일으킨 사람의 할복으로 일단락된다. 가장 유명한 칼부림사건은 아사노 다쿠미노카미나가노리浅野内匠頭長矩가 코오케高家[7] 최고참인 기라 고오즈케노스케요시나카吉良上野介義央에게 상처를 입힌 사건인데 그 이전에도 두 건의 칼부림사건이 있었다.

최초의 사건은 1628년 8월 10일, 하타모토旗本인 도시마 교부豊島刑部가 토시요리年寄인 이노우에 마사나리井上正就를 살해한 사건이다. 당번

---

7) 에도막부의 직명. 이세伊勢 · 닛코오日光에 대참代参, 칙사의 접대, 조정에 파견되는 사자, 막부의 의식 · 전례典礼 관계 등을 담당했다. 아시카가 씨 이래의 명문가문으로 기라吉良 · 다케다武田 · 하타케야마畠山 · 오다織田 · 롯카쿠六角 등이 세습을 했다. 녹봉은 적었지만, 관위는 다이묘에 준할 만큼 높았다.

인 아오키 코사에몬青木小左衛門이 교부에게 달려들어 멈추게 하려고 했지만 교부는 자기의 배를 칼로 찔러 아오키와 함께 즉사했다(졸저『寛永時代』).

당사자가 함께 사망했기에 사건은 이것으로 종결되었지만, 교부의 적자 도시마 츠구시게豊島継重에게 할복이 명령되었다.

마사나리는 오오고쇼 히데타다의 측근이었기 때문에 도시마의 일족도 처벌해야 한다는 의견도 있었지만, "무사가 원수를 갚기 위해서는 성안이 좋은 장소인데, 이를 처벌하면 무사의 의지가 끊어지게 된다"라고 막부의 도시요리 사카이 타다카츠酒井忠勝가 주장했기 때문에 도시마가만 처벌하게 되었다고 한다(「台徳院殿御実記」).

두 번째가 1684년 8월 26일, 와카토시요리若年寄 이나바 마사야스(稲葉正休, 1만2천 석)가 타이로大老 홋타 마사토시堀田正俊를 살해한 사건이다. 이때는 주위에 있던 사람들이 마사야스를 참살했고, 또한 마사야스의 자식이 일찍 죽고 없었기 때문에 가문은 단절되었다.

그리고 세 번째의 칼부림사건이 1701년 3월 14일에 발생한 아사노 다쿠미노카미에 의한 사건(「松の廊下事件」)이다.

성 안에서 기라 고오즈케노스케에게 칼을 빼서 달려든 다쿠미노카미의 행위는 분명히 할복에 상당한 죄였을 것이다. 그러나 상대인 기라가 살아있음에도 불구하고 그러한 행위에 도달한 사정은 조사도 하지 않고 당일 날 할복이 명령된 것은 이례적이었다.

또한 자상을 당한 기라에게는 죄를 묻지 않겠다고 하는 점도, 이 사건을 싸움으로 해석한다면 이론이 생길 수도 있는 부분이었다. 겐카료 세이바이가 천하의 법도라면 기라에게도 할복을 명령해야 하며, 만일 싸움이 아니라 하더라도 저항도 하지 않은 채 도망을 친 기라의 행위는 겐카료세이바이 이전에 무사로서 매우 부적절한 행동이었다.

46인의 사무라이의 할복과 더욱 더 미화되는 할복

그런데 위 사건은 자상을 입은 기라가 살아 있다는 데 중대한 문제가 있다. 이 때문에 다쿠미노카미의 옛 신하 47명은 그로부터 1년 9개월 후 혼조 마츠자카초本所松坂町에 있는 기라저택을 야습해서 기라의 목을 잘랐다. 그리고 난 뒤 센가쿠지泉岳寺로 퇴각한 다음 막부의 명령을 기다리고 있던 오오이시 쿠라노스케大石内蔵助 등 46명(야습 후 데라사카 키치에몬寺坂吉右衛門은 종적을 감추었다)에게는 할복이 명령되었다.

그들의 할복이 장군 츠나요시綱吉를 비롯해 막부 수뇌부幕閣가 고심한 끝에 내린 결론이었다는 것은 이미 잘 알려져 있다. 단 막부가 이미 내린 결정을 실력으로 뒤엎은 46인의 사무라이에게 할복은 파격적인 조치였다는 것은 유의할 필요가 있다.

4군데의 다이묘저택에 위탁되어 있던 46인의 사무라이는 당초 자신들이 할복과 같은 관대한 처벌로서 끝나리라고는 생각하고 있지 않았다. 구마모토번주 호소카와 츠나토시細川綱利에게 위탁되어 있던 도미모리 스케에몬富森助右衛門은 자기를 관리하고 있던 호리우치 덴에몬堀内傳右衛門에게 다음과 같은 말을 남기고 있다(「堀内傳右衛門覺書」).

저는 이번 일로 참수형을 당하겠죠. 그럴 경우에는 (참수 장소로서) 좋은 장소가 택하여지길 바라고 있었습니다만, 여러분의 얘기나 세상의 소문을 들어보니 어쩌면 할복과 같은 관대한 처분이 내리지는 않을까, 그 때에는 (호소카와가의) 저택에서 배를 가르도록 명령되지는 않을까 하고 기대하고 있습니다.

주군의 원수를 갚는 일이기는 하나 도당을 지어서 장군의 거주지인

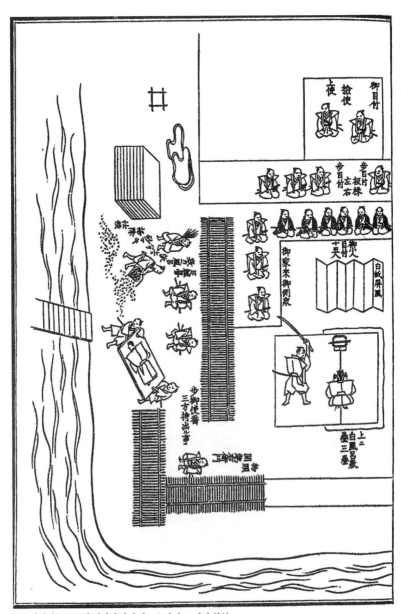

호소가와가細川家에 위탁관리된 아코오낭사 17명의 할복.

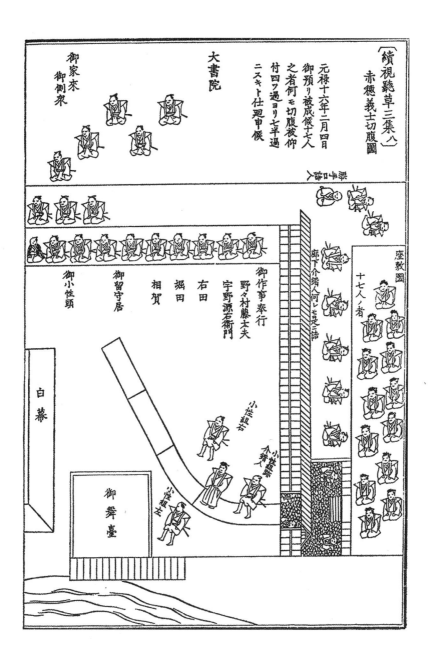

〔續視聽草三集八〕
赤穂義士切腹圖

元禄十六年二月四日
御預り被成候十七人
之者何モ切腹被仰
付四ツ過ヨリ七半過
ニスキト仕廻申候

大書院

御家來
御側衆

座敷圖
十七人ノ者

御下介錯人何レモ羽織

御作事奉行
野々村藤太夫
宇野源右衞門
右田
堀田
相賀
御留守居

御小性頭

御小性

白幕

御舞臺

小座扣右
小座扣北
小座扣右
小座扣右

에도를 소란케 한 죄이며, 게다가 그들이 한 행위 또한 막부의 결정을 자력으로서 뒤엎은 것이었기 때문에 본래는 참수형이 당연했던 것이었다.

스케에몬은 상기와 같이 술회하면서 덴에몬에게, "만약 호소카와가에서 할복하도록 명령되면 센가쿠지의 빈터에 호소카와가에 위탁된 17명을 함께 묻어 달라"고 작은 소망을 말하고 있다.

그런데 센가쿠지 주변에 번저가 있었던 호소카와(구마모토번), 마츠다이라(이요 마츠야마번), 모오리(초후번), 미즈노(오카자키번)의 4개의 다이묘가에 위탁된 46명의 사무라이는 1703년 2월 4일, 각각의 번저에서 할복이 언도되었다. 죄상은 다음과 같았다(「細川家御領始末記」).

> 주군의 원수를 갚는다고 주장하면서 다쿠미의 부하 46인이 도당을 지어 고오즈케저택에 쳐들어가 사다리 등과 같은 도구까지 지참해서 고오즈케를 죽인 것은 막부를 두려워하지 않는 일로서 매우 괘씸한 일이다. 이러한 죄목으로 할복을 명한다.

막부는 이들의 야습을 주군의 원수를 갚기 위한 것이라고는 인정하지 않고, 도당을 지어서 기라를 죽인 일을 '막부를 두려워하지' 않는 소행이라고 한 것이다.

오오이시 쿠라노스케는 할복이 명령되었다는 것에 대해서, "감사하게 생각합니다"라고 답례를 했다. 할복이 명령된 것은 분명히 감사한 조치였던 것이다.

쿠라노스케 등 46인의 할복은, 와키자시(脇差, 단도)를 얻은 작은 상三宝을 앞으로 당겨 단도를 집어 배에 갖다 대려는 순간 목을 치는 것이었다고 전해진다(渡辺世祐, 『正史赤穂義士』).

왜 실제로 배를 가르게 하지 않았나 하면, 그들을 위탁받았던 다이묘가들이 그들의 조명助命이 있을 것을 기대해서 할복시간을 늦추었기 때문에 수십 명의 사무라이에게 충분한 할복의 시간을 줄 수 없었다는 점과 또 죽음에 임박해서 보기 흉한 행동이 있어서는 의사義士들의 명예에 흠이 가는 것을 배려해서 그렇게 하지 않았나 생각된다.

이미 판정을 내린 막부의 조치를 아코오번赤穗藩의 옛 신하들이 실력으로서 뒤엎었다고 하는 것은 막부에 대한 반항과 마찬가지이다. 그러나 '도당'이라고 규정한 46인의 무사를 명예로운 죽음인 할복으로서 대우하고, 한편으론 죽음을 당한 기라의 적자 사베에左兵衛를 스와가諏訪家에 위탁하고 기라가를 단절시킨 것은 막부가 스스로의 과실을 인정한 것과 같다.

당연한 일이지만, 여론은 소원을 풀고 조용히 죽음에 임한 그들을 기렸다. 이렇게 해서 46인의 사무라이는 어느 시기까지는 일본인의 이상이었으며, 그들의 자결수단이었던 할복도 뛰어난 무사의 바람직한 죽음의 방법으로서 미화되었다고 생각된다.

오오이시 쿠라노스케의 할복(『호소가와번저 의사할복도』 시마다미술관 소장).

관습이 된 난심亂心

1709년 2월 16일, 조정의 중궁사中宮使를 향응하는 접대 역을 맡고 있었던 마에다 우네메도시마사前田采女利昌가, 도에이잔東叡山 칸에이지寬永寺에서 치러지던 츠나요시의 불법행사佛法行事를 위한 대기실에서 동료인 야마토국大和国 야나기모토번주柳本藩主 오다 켄모츠히데치카小田監物秀親를 찔러 죽였다(「政隣記」). 성 안은 아니지만 아사노 다쿠미노카미의 사건松の廊下事件과 유사한 사건이다.

마에다 도시마사는 다이쇼오지번주大聖寺藩主 마에다 토시나오前田利直의 동생으로, 새로 개간된 1만 석을 분여 받은 지번支藩다이묘였다. 센가쿠지를 방문해서 46인의 묘소를 구경했을 때, "오오이시는 필요하지도 않는 의리를 지키기 위해 많은 가신들을 죽게 했다. 어쩔 수 없는 경우에는 상대의 배를 5촌 정도 찌르면 되는 것을"이라고 말한 적이 있다고 한다.

말한 대로 도시마사는 오다 히데치카의 배를 와키자시로 후벼 파면서 그대로 상대방에게로 넘어졌다. 상처구로부터는 그다지 피가 나오지 않고 입으로부터 엄청난 피가 쏟아졌다고 한다.

이때의 판결은 다음과 같았다.

마에다 우네메는 지난 16일 도에이잔에서 오다 켄모츠를 살해했다. 난심이라고
는 하지만, 켄모츠가 사망했기 때문에 할복을 명령한다.

이 사건은 아사노 다쿠미노카미의 사건과 마찬가지로 원한에 의한 것이었지만, 사건을 확대하지 않기 위해 '난심'이라고 단정되고, 오다 히데치카가 사망했기 때문에 마에다 우네메에게 할복을 명령한다는 논리를 취하고 있다.

오다 히데치카의 영지 1만 석은 아들인 나리토시成純에게 양여되었다. 한편, 우네메의 영지 1만 석은 후계자가 없었기 때문에 형인 마에다 토시나오에게 반환되었다.

난심에 의한 사건으로 규정되었기 때문에 쌍방 모두 관계자들에 대한 처벌은 없었지만, 이러한 막부의 조치는 아사노 다쿠미노카미 사건에서 교훈을 얻은 듯한데, 훗날의 관례로 되어 갔다.

예를 들면, 1747년 8월 15일, 상급 하타모토(요리아이寄合)인 이타쿠라 가츠카네板倉勝該가 구마모토번주 호소카와 무네타카細川宗孝를 살해하는 성안의 칼부림사건이 발생했다. 이 사건은 가츠카네가 사람을 잘못 알고 저지른 살인이었는데, 막부는 난심에 의한 살인으로 규정짓고 무네타카가 사망했기 때문에 가츠카네에게 할복을 명령하고 있다. 막부의 언도문은 다음과 같은 내용이었다(『延享録』).

이타쿠라 가츠카네는 지난 15일, 성 안에서 난심을 일으켜 호소카와 엣츄노카미細川越中守에게 상처를 입혔기 때문에, 저녁 무렵에 미즈노 켄모츠水野監物에 위탁을 명했다. 난심(에 의한 상처)이기는 하나 엣츄노카미는 상처의 치료도 효험도 없이 사망했기 때문에 켄모츠저택에서 할복을 명령받았다.

난심에 의한 칼부림이라면, 상대가 사망을 했기 때문에 할복을 명하는 형식으로 결말을 볼 수 있어 살해된 사람도 체면이 선다. 이러한 이유에서 성 안에서 일어난 칼부림사건은 난심에 의한 것으로 규정되고 상대가 사망했을 경우는 선악의 판단을 하지 않고 할복을 시키는 관행이 생겼다고 생각한다.

에도성 내에서의 마지막 칼부림사건은 1784년 3월 24일, 신참 경비 조원新番士 사노 마사코토佐野政言가 와카도시요리 다누마 오키토모田沼意

知에 대해 에도성내의 일실桔梗の間에서 칼을 휘두른 사건이다. 사건 이틀 후 오키토모는 사망하고 마사코토는 난심에 의한 행위라 규정되어 할복이 명령되었다. 이 사건도 마에다 우네메사건 이래 관행화된 에도성 내의 칼부림사건의 처리방침에 따르고 있다(大隈三好, 前揭書).

4. 절망으로부터 도망가기 위한 할복, 긍지를 가진 할복

할복자 52명! 전승되어지는 사츠마의사전薩摩義士伝

사츠마번은 막부로부터 명령받은 호레키(宝暦, 1751-1764)연간의 기소천木曽川 치수공사 때에 많은 희생자를 내었는데, 공사가 완공된 후 공사의 총책임자였던 히라타 유키에平田靭負가 할복을 한 일은 널리 알려져 있다.

이 사건은 죄가 없음에도 불구하고 스스로의 직무상의 책임을 할복을 함으로서 보답하고자 한 특이한 사건이다. 유명한 사건이므로 대략의 줄거리를 설명하고자 한다.

1753년 12월, 막부는 사츠마번에 대하여 키소·나가라長良·이히揖斐 등 세 강의 분류分流치수공사에 협조를 하도록 명했다. 그것은 그때까지 홍수를 되풀이 하던 기소천 수계水系의 치수문제를 발본적으로 해결하기 위한 공사였다.

총공사비 9만 3,300냥 중 막부가 부담한 비용은 1만 6,340냥으로 나머지 7만 6,960냥은 사츠마번이 부담하기로 되었다. 이 자체만으로도 상당한 부담이었는데, 좀처럼 진척되지 않는 공사와 공사기간 중 두 번에 걸친 홍수 때문에 사츠마번은 결국 40만 냥에 가까운 경비를 투입

했다고 한다.

　이 하천공사 중 감독에 임한 사츠마번사 가운데 할복을 하는 자가 속출했다.

　예를 들면, 1754년 4월 14일, 나가요시 소오베에永吉惣兵衛와 오토카타 사다후치音方貞淵 두 사람이 할복을 하고 있다. 할복 이유는 거만한 막부 관리의 태도를 참을 수 없었기 때문이라고 한다(이토오 마코토伊藤信,『호레키치수와 사츠마번사宝暦治水と薩摩藩士』).

　사츠마번사의 할복은 5월 하순까지의 제1기공사에서는 이 두 사람뿐이었지만, 6월부터 9월 21일까지의 제2기공사 준비기간에 에나츠 츠구사에몬江夏次左衛門 등 35명이, 제2기공사 중에는 9월 23일의 후지이 히코하치藤井彦八 · 하마시마 몬에몬浜島紋右衛門 두 명을 시작으로 14명이 할복을 하고 있다.

　결국, 사츠마번에서는 공사가 끝날 때까지 51명이나 할복자를 내고, 더욱이 병사자도 33명이나 되었다. 사츠마번사인 오오노 테츠베에大野鉄兵衛가 가노家老인 이세 효부伊勢兵部에게 "치수공사를 담당하는 관리들이 권력을 믿고 거만하여"라고 말했듯이(7월 17일자 이세 효부 · 신노오 쿠라新納内蔵 연서장), 막부의 치수담당 관리들은 거만하고 오만한 태도를 취하는 일이 많았다. 이들의 할복은 막부관리들과의 알력이 원인이었다고 추측된다.

　사츠마번사의 사인은, '칼에 의한 상처 때문에 끝내 사망하다'(『카이조오지海蔵寺 문서』)라고 표면적으로는 수습하고 있지만, 공사의 불비한 점이 지적되어 책임을 지고 할복한 자도 있었을 것이고, 막부관리의 거만한 태도에 비분강개해서 배를 가른 자도 있었을 것이다.

　할복은 한 사람이 배를 가르면 연쇄반응처럼 연달아 일어나는 모양이다.

진정한 사무라이 히라타 유키에平田靭負의 희생

공사는 1755년 3월말에 완료했다. 조사檢分를 위해 파견된 막부 감찰관 마키노 이오리牧野伊織, 회계감사역勘定吟味役 호소이 큐스케細井九助 등은 5월 22일에 검사를 완료하고, "모두가 열심히 했기에 치수공사가 튼튼하게 이루어졌고, 조사도 지체 없이 끝이 나 일단락 된 일"이라며, 히라타를 위로했다(5월 24일자 「히라타 유키에 서한」).

히라타는 막부관리의 검사에 대해 자초지종을 보고하고, "우선은 매우 기쁜 일이라고 생각 합니다"라며 감회를 피로했다. 그리고 다음날인 25일 아침, 오오마키촌大牧村의 숙사에서 할복을 했다. 향년 52세였다.

당연히 5월 24일에 편지를 쓰고 있었을 때에는 히라타의 가슴 속에 생각하는 바가 있었을 것이다. 스스로의 공적을 자랑하는 일없이 담담하게 쓰여진 편지를 읽으면 감동을 금할 수가 없다. 진정으로 무사다운 무사는 히라타와 같은 무사를 말하는 것이리라.

히라타의 할복은 공사경비의 대폭적인 초과와 공사 중 많은 번사들이 희생이 된 것에 대해 책임을 진 것이었다(이토오 마코토 앞의 책). 유감스러운 일이지만, 이때 히라타에게는 다른 방법이 없었을 것이다.

만약 그가 무사히 사츠마로 돌아갔다면 어떻게 되었을까. 처음에는 치수공사를 완수한 영웅이 될지도 모르겠지만, 그러나 공사를 성공시킨 자에 대한 질투 등에서 오히려 당초 예산의 5배 이상이나 경비를 사용했고 게다가 다수의 희생자를 낸 책임을 추궁당할 가능성도 있었을 것이다. 희생이 된 부하들이나 고향에 남겨진 그들의 가족에 대한 도의적인 책임, 혹은 자신의 앞날에 대한 생각을 했을 때에 자신이 할 수 있는 행동은 할복 이외에는 없다고 생각했을지도 모른다.

할복은 이처럼 도무지 어떻게 할 수없는 절망적인 생각을 해결해줄 수 있는 유일한 수단이었던 것이다.

병상에 있었던 번주 시마즈 시게토시島津重年는 히라타의 사후의 명복을 빌기 위해 위패 등 유품을 매장지인 후시미의 다이코쿠지大黑寺에 보냈다. 아무리 가노家老라 하지만 이는 이례적인 조치였다.

9월 4일, 막부는 공사에 참가했던 부부교 이쥬우인 쥬조오伊集院十蔵 이하 13명을 에도성으로 불러 로오주가 의복과 돈 등을 하사했다. 그들이 무사히 이러한 영예를 누릴 수 있었던 것도 히라타의 희생이 있었기 때문이었는지도 모른다.

목숨보다 중요한 무사의 체면

그런데 제1기 공사가 한창일 때 미노美濃에 영지를 소유하고 기소천

히라타 유키에 등 사츠마 의사를 모셔놓은 비석(가고시마현 조카마치, 저자 촬영).

木曽川을 관리하고 있던 하타모토 다카기신베에高木新兵衛의 가신 나이토 오 주자에몬內藤十左衛門이 할복을 하고, 제2기공사 중에는 막부의 잡역 감찰관小人目付 다케나카 덴로쿠竹中伝六가 할복을 했다(이토오 마코토 앞의 책).

이중에 나이토오 주자에몬은 할복을 한 본인이 그 이유를 말로서 남기고 있는 드문 경우인데, 오오타케 젠에몬大嶽善右衛門 공술서를 자료로 소개하고자 한다.

주자에몬이 할복을 한 것은 1754년 4월 22일 오전 4시경으로, 장소 는 숙소로 삼고 있던 고메이촌五明村의 히코하치彦八라는 농민의 집이 었다. 주자에몬이 할복한 것을 발견한 하인 효고로오兵五郎가 같이 머 물고 있던 주자에몬의 부하 오오타케 젠에몬에게, "주인님이 할복을 했습니다!"라고 알렸다.

젠에몬이 주자에몬의 침실에 들어갔더니 그는 아직 숨이 붙어 있고 의식도 명료했다.

"아직 숨이 붙어있으니 죽여주게"라며 주자에몬이 젠에몬에게 부탁 을 하자, 가까이에 있던 효고로오가 물었다.

"왜 할복을 하였습니까?"

"생각한 바가 있어 할복을 했다."

주자에몬의 할복은 발작적으로 일어난 일이 아니고 무언가 생각한 바가 있어 할복을 하였다는 것이다. 숙소 주인인 히코하치가 주자에몬 의 할복을 촌장에게 알렸기 때문에 이윽고 촌장인 히코사부로오彦三郎 와 의사 등이 몰려왔다.

처음에 온 의사는 "이미 때가 늦어 치료를 할 수 없다"며 돌아갔다. 다음으로 온 의사는 "목숨을 구할 수 있을 지 보장할 수는 없지만 치료는 해 보겠다"며, 갈라진 상처 부위를 깁고 고약 등을 발랐다. 그러나 그날 오후 8시경에 주자에몬은 숨졌다.

문제는 이 주자에몬의 '생각'이 무엇이었는가 하는 것이었다. 주자에몬이 아직 숨이 넘어가기 전에 막부관리 아오키 지로쿠로오青木次郎九郎가 숙소로 와서 주자에몬의 말을 듣고 갔다. 이때 젠에몬은 옆방 입구에 있었기 때문에 이야기는 들을 수 없었고, 효고로오는 무사신분이 아니었는지 어찌할 바를 몰라 주자에몬의 옆에 붙어 있었으면서도 그의 이야기를 기억하고 있지 못했다. 결국 남겨진 것은 아오키의 '청취서聞取書'뿐이었다. 내용은 다음과 같았다.

나는 나카이즈미中和泉의 신전新田 공사장소를 담당하고, 제방을 높이고 허리 부분에 흙을 보강하는 일은 나카이즈미신전촌의 촌장 요지베에與次兵衛에게 조사를 한 다음 고치도록 지시를 했습니다만, 요지베에라는 인물은 건방지고 게으른 자라 저의 지시대로 척척 움직이질 않아 작업이 끝나질 않았습니다. 아오키 지로쿠로오님에게 보고를 할까 생각하던 중에 공사도 완료하였기 때문에 요지베에에 관한 일은 지로쿠로오님에게 보고를 하지 않고 그대로 두었습니다. 그런데 막부의 평감찰관들御徒目付衆께서, "제방의 윗부분과 옆 부분이 흙이 부족해보이니 신경을 쓰도록"이라고 분부하셨습니다. 당연한 분부라고 생각합니다. 어쩌면 감찰관들께서 이 일은 저의 부주의로서 괘씸하다고 생각하여 주인인 신베에님에게 보고할 지도 모르겠습니다. 그렇게 되어서는 큰일이라 생각하여 할복을 하였습니다.

다시 말하면, 주자에몬은 공사가 완전하지 못한 것을 지적당해, 그것이 주인에게 전해질까 걱정하다가 할복을 하였다고 말한 것이다. 요지베에가 '건방지고 게으른 자'라고 하는 전반부의 말은 주자에몬이 할복하기 전에도 자주 말했기 때문에 다수의 사람이 듣고 있었지만, 후반

부는 이 '청취서'에서만 알 수가 있기 때문에 의문을 표시하는 사람도 있다(伊藤孝幸,「内藤十左衛門切腹一件の処理における公的文書の性格」).

그러나 무사의 발상으로서는 있을 수 있는 일이며, 무엇보다도 실제로 들은 자가 기록한 것이기에 다른 자가 듣지 못했다고 해서 부정할 수는 없다.

이토오 타카유키 씨는 주자에몬의 신베에 대한 사죄의식은 의문이라고 말하고 있지만, '큰일이라 생각하여'라고 하는 것은 주인에 대한 사죄의식이라기보다는 신뢰하고 일을 맡긴 주인의 기대를 저버리게 된데서 오는 책임의식이다. 그리고 좀 더 깊게 이야기하자면, 할복함으로써 자기의 책임을 졌다기보다는 감찰관들로부터 공사의 불비를 지적당함으로서 망신당한 자기의 체면을 회복하기 위한 할복이지는 않았을까.

물론 주자에몬이 할복을 했다고 해서 자기의 과실이 없어지는 것은 아니다. 그러나 무사는 배를 갈라서라도 자신의 과실이 아니라는 것을 주장하고자 했던 것이다.

이러한 일로 할복을 한 무사가 있는 이상, 아마도 에도시대에는 사료에도 남아 있지 않는 우리들이 알 수 없는 수많은 할복이 있었다고 추측된다. 그것은 할복을 함으로써 무사의 심정을 토로하고 명예를 회복할 수가 있다고 하는 관념이 있었기 때문이었을 것이다.

2장
죄와 벌 그리고 할복

1. 겐카료세이바이에 의한 할복

천하의 법도, 겐카료세이바이喧嘩両成敗

무사의 싸움은 쌍방 모두가 처벌당하게 되어 있었다. 이 겐카료세이바이법은 가이甲斐지방의 전국다이묘인 다케다 신겐武田信玄의 분국법(分国法, 信玄家法) 등에 나타나 있는 것처럼, 전국시대에 성립되고 통일정권하에서 '천하의 법도'로서 지위를 확립했다. 제1장 1절에서 살펴본 시마즈가와 이케다가의 가신들 싸움에서도 막부는 '겐카료세이바이는 천하의 법도'라며, 이케다 데루마사에게 가신을 할복시키도록 명령하고 있다.

막부 내에서도 이미 소개한 츠게 마사카츠의 할복이 겐카료세이바이에 의한 것이다. 같은 사건은 1633년 3월 22일에도 발생했다(「大猷院殿御實記」).

막부의 서기담당관右筆인 핫토리 한사부로오服部半三郎는 동료인 야마나카 산에몬山中三右衛門과 성 내에서 언쟁을 벌여 산에몬을 모욕했다. 이것에 앙심을 품은 산에몬은 옷테문追手門 하마처에 잠복해서 한사부로오를 기다렸다가 칼을 빼들고 덤벼들었다. 그런데 한사부로오는 오히려 산에몬과 종들을 칼로 베어 죽였다.

다음 날 이 사건은 장군 이에미츠家光의 귀에 들어가 한사부로오에게 할복이 명해졌다. 한사부로오는 온화한 성격의 소유자라 위사람, 아랫사람 가리지 않고 그를 안타까이 여기지 않는 사람이 없었다고 한다. 그러나 싸움을 한 뒤 상대를 살해한 이상, 할복은 피할 수가 없었던 것이다.

이처럼 무사가 할복을 하지 않으면 안 되게 된 사례로서 가장 많은 것은 싸움을 해서 상대를 살해한 경우였다. 한 마디로 싸움이라 해도 서로가 원한을 가지고 있어 결투를 한 경우도 있고, 혹은 한 쪽이 원한을 가지고서 죽이려고 덤벼든 경우도 있었다. 또 그 자리에서의 말싸움에서 서로 칼을 빼들고 싸워 인상사건刃傷事件으로 발전된 경우도 있었다.

이하, 『아이즈번가세실기会津藩家世實記』에 의거하면서 몇 가지 사례를 소개하고자 한다.

기억에도 없는 원한 때문에 살해되다

1646년 3월 19일에 일어난 사건은 한 쪽이 원한을 가지고서 동료를 베어 죽인 사건이었다.

구리타 우에몬栗田宇右衞門은 이날 아침식사를 마치고 동료인 히야마 츄베에檜山忠兵衞 집을 방문해, 칼을 새로 갈았는데 봐달라면서 칼을 칼집에서 빼서 츄베에에게 건넸다.

"한층 더 멋집니다."

츄베에는 칼을 바라보면서 그렇게 대답하고 우에몬에게 그 칼을 돌려주었다. 그러자 우에몬은 돌려받은 칼로 츄베에를 베었다. 우에몬의 칼은 머리에서 얼굴에 걸쳐 두 번, 왼쪽 어깨 끝에서 몸통 절반까지를 베었다고 한다.

츄베에도 와키자시脇差를 빼 두 번 정도는 막았지만, 여하튼 먼저 중상을 입었기 때문에 마음대로 되지를 않았다. 우에몬은 츄베에게 중상을 입혔기에 안심을 했는지, 밖으로 나와 먼 친적인 고에몬鄉右衛門 집으로 물러났다.

츄베에는 중상을 입고 있었기 때문에 추격할 수가 없었고, "자신은 상대에게 원한을 산 기억이 없는데 우에몬이 난심에서 그랬는지 모르겠다. 우에몬이 단독으로 한 짓이다"라고 이웃에 사는 사람에게 사정을 말한 뒤 잠시 뒤에 절명을 했다.

보고를 받은 번藩에서는 고에몬 집으로 사람을 보내 우에몬을 심문했다. 심문에 대해 우에몬은 차분한 태도로 대답을 했다.

"드릴 말씀은 없습니다. 약간의 원한을 가지고 있었기 때문에 그렇게 했습니다. 츄베에도 기억이 나지 않을 겁니다. 여러 친구들 그 누구도 모를 겁니다. 제 마음속에 비추어서 그렇게 한 것입니다. 작년부터 쭉 생각해온 것이므로 집을 짓는 일이나 물건을 빌리는 등의 일까지 신경을 써 왔습니다. 제가 다니는 절인 다이류우지大龍寺에서 할복하고 싶습니다"

그러나 번 당국은 이를 허용하지 않고 고에몬 집에서 할복하도록 명령을 했다. 우에몬은 하는 수없이 그 자리에서 할복을 했고, 이 건은 번주에게 보고되었다.

이유야 어찌되었든 살아남은 자는 할복

1658년 9월 12일, 코쇼오小姓인 이토오 구로타로오伊藤九郎太郎가 와시미 누이사에몬鷲見縫左衛門과 싸움을 해 누이사에몬이 즉사를 했을 때에도 구로타로오에 대해서 즉각 할복이 명령되었다.

이 누이사에몬은 1655년 10월, 150석의 가록을 받고 신규로 관직에 취임하게 된 자로, 번주가 좋아하는 자였다. 그것을 질투하게 된 구로타로오가 싸움을 걸었다고 생각된다. 사료에 의하면, 남색衆道 건으로 싸움이 시작되었던 모양인데("그 자세한 사정은 남색 건 때문에 일어난 일 같지만, 분명하지는 않다"), 조사가 없었기 때문에 상세한 사정은 알 수가 없다.

이처럼 무사가 싸움을 하여 상대가 사망하면, 즉각 할복이 명령되었다. 이는 겐카료세이바이법에 근거해서 이루어지는 것으로 그러한 경우에는 상세한 조사도 이루어지지 않는다.

1678년 3월 29일, 무직인 기타사토 야나이北郷弥内는 숙직근무자인 타케모토 산시로오竹本三四郎를 권유하여 관청서기御用部屋物書인 네기시 키베에根岸喜兵衛 집을 방문했다. 거기서 야나이와 산시로오는 칼부림을 하게 되어 야나이는 즉사를 하고 산시로오는 부상을 당했다.

그날 밤 산시로오는 상관인 이치세 진고사에몬一瀬甚五右衛門에게 맡겨졌다.

야나이는 친척에게 글을 남겨두었다. 그것에 의하면 원한을 품고 있었던 것은 야나이였으며, 야나이가 시비를 건 싸움이었던 모양이나 가노家老는 야나이가 남긴 글은 일체 조사를 하지 않은 채 산시로오에게 할복을 명했다. 싸움에서 한쪽이 사망하면 살아남은 쪽도 할복을 해야만 하는 것이 규칙이므로 사건의 경위에 대한 조사는 중요하다고 생각되지 않았던 것이다.

같은 해 9월 27일에도 번사끼리의 싸움이 벌어져, 다카미자와 시에몬高見沢四右衛門을 베어 죽인 시바타 쿠로사에몬柴田九郎左衛門이 할복에 처해졌다. 무사가 싸움을 하여 서로 칼부림을 한다는 것은 매년 일어나는 것이라고 할 수 없지만, 많을 때에는 연 두세 번 발생하고 있었으며, 그때마다 살아남은 자에게 할복이 명령되었다.

싸움은 무사의 꽃喧嘩は武士の華

개인의 전투력을 기반으로 주군을 섬기는 무사로서는 어쩔 수 없는 경우에는 싸움을 할 필요가 있었다. 오카야마岡山번주 이케다 미츠마사池田光政는, 1647년 정월, 장군 이에미츠로부터 하사받은 학을 소개하는 장소에서 싸움을 건 무사를 처형하고 그것을 상대하지 않았던 무사에게는 영지몰수를 명하고 있다(『池田光政日記』).

그 자리에서 상대를 하지 않은 것은 신통하지만, 후일에도 아무런 조치를 취하지 않은 것은 너무나도 온화하다는 것이다. 무사는 그러한 경우에는 전투력이 있다는 것을 실증해보이지 않으면 안 되었던 것이다(高木昭作『日本近世国家史の研究』).

따라서 싸움은 상대를 살해했을 경우에는 할복에 처해진다고는 하나, 반드시 범죄로 간주되고 있었던 것은 아니었다. 가가加賀번사의 자식인 스기모토 쿠쥬로오杉本九十郎의 싸움(「政隣記」) 등은 이러한 인식을 잘 보여주고 있다.

1708년 3월, 쿠쥬로오는 바둑의 훈수를 거듭하는 오가와 타로사부로오小川太郎三郎와 언쟁을 하게 되었다. 상대가 나이어린 사람이라 그만두고 가려는데 뒤에서 욕을 퍼부어 댔기 때문에 충동적으로 타로사부로오를 베어 쓰러뜨렸다. 쿠쥬로오는 평무사의 자식으로 16세, 타로사부로오는 불화살제조공의 자식으로 겨우 13세로 모두가 하급무사의 자식이었다.

큐주로오의 위탁 관리를 신청한 평무사 조장御徒の組頭 아오지 야시로오青地弥四郎는 타로사부로오가 숨을 거둔 사실을 알았을 때 가노家老인 마에다 오오미노카미前田近江守에게 다음과 같이 말했다.

> 타로사부로오의 죽음에 의해 이미 모든 것이 끝난 일이지만, 상사의 집에서 자결을 한다는 것은 범죄자처럼 되어버리기 때문에 앞으로는 위탁관리하라고 해도 거절하겠습니다.

'이미 모든 것이 끝난 일이지만'이란 말은 싸움을 해서 상대가 죽으면 죽인 자도 할복을 해야만 하는 법이 있었다는 것을 잘 나타내 주고 있다. 오늘날의 소년법과는 달리, 쿠쥬로오의 운명은 이미 결정되어 있었던 것이다.

주목해야 하는 것은 다음의 '상사의 집에서 자결을 한다는 것은 범죄자처럼 되어버리기 때문에'라는 말이다. 상사의 집에서 할복을 한다는 것은 범죄자에 대한 조치이지 싸움을 해서 할복을 명받은 무사에게는 어울리지 않다고 생각하고 있었음을 알 수가 있다.

싸움을 해서 상대를 숨지게 한 쿠쥬로오의 행위는 무사로서 당연한 행동이었다. 그일 때문에 죄를 문책당하는 일은 없고 단지 스스로 할복하는 일만이 요구되었다. 즉, 이 할복은 표면상으로는 어디까지나 쿠쥬로오의 자주적인 행동이지 벌로서 부과된 결과는 아니라는 것이었다.

단 가가번 가노家老는 일단락될 때까지 쿠쥬로오를 아오지에게 맡겨두는 것으로 결정했다. 그러나 "불의의 일(범죄자)이기에 책임자에게 맡기는 것입니까"라고 질문을 하는 아오지에게 가노家老의 한 명인 혼다 아와本多安房는, "선례에 따라(즉, 범죄자로서) 맡기는 것이 아니라, (쿠쥬로오가)친척도 없는 자이기에 새로운 조치로서 그대에게 맡기는 것이다"라고 설명했다. 가노家老의 인식으로도 쿠쥬로오의 행동은 '불의의 일(범죄행위)'은 아니었던 것이었다.

큰 평판을 받았던 쿠쥬로오의 할복

아오지 집에 있는 동안의 쿠쥬로오의 행동은 칭찬할 만했다. 타로사부로오에 관해서도, "평소 때에는 욕을 하는 사람도 아니었는데 어쩌다가 분위기를 타고서 서로 싸우고 말았다"며 반성의 빛을 보이면서 술회했다. 쿠쥬로오에 대한 아오지의 대우도 죄인에 대한 것이 아니어서 대(카타나刀)·소(와키자시脇差) 두 자루를 차는 것까지도 허용하고자 할 정도였다.

4월 10일, 쿠쥬로오는 다케다 우에몬武田宇右衛門이라는 중급 번사에게 다시 맡겨졌다. 이는 고록高祿의 무사로 부하들을 많이 거느린 아오지의 집에 맡겨놓으니, 무척이나 엄중하게 감시를 하고 있어 그것이 쿠쥬로오에 대해서 실례라고 생각되었기 때문이다. 그리고 같은 달 28일, 가노家老들은 쿠쥬로오에게 할복을 명했다. 그 명령서는 가노家老들의 연판으로 되어 있으며, 내용은 다음과 같다.

상대 오가와 타로사부로오가 숨을 거두었기 때문에 쿠쥬로오에게 할복을 명한다.

상대가 사망을 했기 때문에 할복해야 한다라고만 되어 있다. 타로사부로오를 칼로 벤 것에 대한 판단에 관해서는 아무것도 쓰여 있지 않다. 아오지가 가노家老의 명령서를 펴 쿠쥬로오에게 언도를 하자, "지당하신 명령, 감사하게 생각합니다"라고 쿠쥬로오가 대답을 했다. 그것에 대해 감찰관橫目인 쿠마가이 한스케熊谷半助가 인사를 했다.

"이번 일(할복을 명령받은 일)은 크게 만족할 만한 결과이다."

주군의 관대한 조치로 무사의 작법에 따라 할복이 허용된 것은 '후회 없는 결과'다라는 것이 공통의 인식이었던 것이다. 쿠마가이의 인사에 대해 쿠쥬로오는 가볍게 예를 표했다.

쿠쥬로오는 함께 따라온 다케다의 부하에게 "신분이 낮은 저에게 준비 등을 잘 해주셔서 감사하게 생각한다"는 말을 다케다에게 전해줄 것을 부탁하고, 정원에 지어진 세 칸 정도의 임시가옥에서 할복을 했다. 와키자시脇差를 왼쪽 배에 찔러 누르면서 오른쪽 옆구리까지 가르는 동안, 쿠쥬로오의 얼굴은 미소를 띠면서 얼굴색은 조금도 변하지 않았다고 한다.

카이샤쿠介錯에 임했던 코쇼오구미小姓組[1] 대원인 도쿠타 리사에몬德田理左衛門은 쿠쥬로오가 와키자시를 오른쪽 옆구리까지 완전히 가른 다음 얼굴이 앞으로 숙여진 다음, 왼쪽 뒤에서 칼을 내리쳐 목을 잘랐다. 이 최후의 모습에 대해 "어린 나이에 신통하다고 말하는 것은 물론, 천만인 중에도 있을까 말까하는 인걸"이라고 칭찬이 대단했다. 보고를 받은 가노家老들도 모두 눈물을 흘렸으며, 오오미노카미 같은 사람은 감격한 나머지 "다시 한 번 얘기해 달라"고 부탁까지 했다고 한다.

---

1) 에도막부의 직명. 와카토시요리若年寄에 소속되어 여러 가지 의식에 참가하거나, 장군이 외출을 할 때 경호를 하거나 시중의 순찰임무를 맡았다. 반가시라番頭·쿠미가시라組頭·쿠미슈우組衆의 삼역으로 구성되며, 50명이 한 조로 구성되었다. 코쇼오쿠미방小姓組番. 여러 번에서도 설치되어 있었다.

싸움 끝의 할복은 범죄에 대한 처벌이 아니라 무사에 대한 예를 다한 것이었다.

꿋꿋했던 무사의 어머니

여담이지만 쿠쥬로오 어머니의 태도를 소개하고자 한다.

그녀는 쿠쥬로오가 타로사부로오를 베었던 황혼 무렵, 그 장소로 달려가서 타로사부로오의 상처를 확인했다고 한다. 하급이라고는 하나 무사의 아내다운 당찬 행동이었다.

그리고 쿠쥬로오가 아오지의 저택에 위탁되어 집을 나설 때에, "그동안 신세를 졌습니다"라며 어머니에게 감사의 말을 했을 때에, 다음과 같이 대답했다.

"남은 마지막 일을 훌륭하게 완수하도록."

이것이 무사 어머니의 태도였다. 쿠쥬로오의 어머니는 끝내 사람들 앞에서는 눈물을 흘리지 않았다. 그러나 울어서 퉁퉁 부은 눈은 감출 수가 없었다고 한다.

쿠쥬로오가 할복을 한 다음, 이전부터 각오는 하고 있었다고 하지만, 쿠쥬로오 어머니의 비탄은 보통이 아니었다. 아무것도 먹지 않는 그녀를 보다 못해 아오지는 죽을 끓여 보냈다고 한다. 멋지게 할복하라("남은 마지막 일을 훌륭하게 완수하도록")고 꿋꿋하게 말한 어머니였지만, 자식을 잃은 어머니의 마음은 당연히 이와 같은 것이었을 것이다.

도리에 맞지 않는 습격에 대처하다

그런데 전혀 기억에도 없는 일 때문에 부당하게 공격을 받아 이에 응수했다고 한다면, 이것도 싸움으로 간주되는 것이었을까. 앞서 살펴본 히야마 츄베에의 경우도 상대방에게 원한을 산 기억이 없었다. 만약 츄베에가 응전해서 우에몬을 베어 죽이고 자신은 살아남았다고 한다면 싸움에 해당되어 할복을 명령받게 되는 것일까.

그러한 경우에는 나름대로 조사가 이루어지고 싸움이라고 인정되면 역시 츄베에도 할복을 해야만 할 것이다. 그러나 전혀 기억에도 없는 일 때문에 타인으로부터 공격을 받아 상대방을 베어 죽인 결과로 할복을 당하게 되면 납득할 수 없을 것이다.

그런데 그런 실례가 남아 있다. 1666년, 아이즈번會津에서 일어난 사건이다.

이해 4월 16일, 조원인 이이다 하치로오베에飯田八郎兵가 같은 조원인 아이자와 히라에몬相沢平右衛門 집을 찾아가서, "원한이 있다"면서 히라에몬에게 칼을 휘둘렀다.

그러자 히라에몬은 하치로오베에의 칼을 빼앗고 반대로 하치로오베에에게 일격을 가했지만 즉시 가까이에 있던 사람들이 몰려와서 두 사람을 말렸다.

조장인 호리 한우에몬堀半右衛門이 보고를 듣고 재빨리 달려와서 두 사람에게 심문을 한 바, 하치로오베에는 다음과 같이 공술했다.

"히라에몬은 초소番所에서 종종 나를 경멸하는 듯이 말했기 때문에 원한을 가지게 되었습니다. 종종 무시했을 뿐이지 말로 표시한 적은 없었습니다."

이에 대해 히라에몬은 다음과 같이 말했다.

"뭐라 말하든 원한을 살만한 일을 한 기억이 없습니다. 경멸한 적도 한 번도 없었습니다. 이 일은 제가 변명을 할 수 있는 것이 아니므로 함께 당번을 섰던 자에게 한 사람 한 사람 조사해주십시오."

그래서 동료들에게 두 사람의 관계를 물어 본즉, 히라에몬이 하치로오베에를 경멸했던 일은 없었다고 증언했다. 그래서 호리는 각각의 공술서口上書를 작성하여 가노家老에게 제출했다.

가노家老의 판결은 하치로오베에에 대해서는 할복이었다. 히라에몬의 평소의 행동에 하치로오베에가 주장하듯이 경멸한 적이 없었던 점, 나아가 갑자기 칼을 빼들고 덤벼들었던 행위가 '괘씸한 처사'라고 여겨졌던 것이다. 한편, 히라에몬에 대해서는 다음과 같은 판결이 내려졌다.

> 히라에몬은 부당한 일을 당해서도 그때의 대응이 나쁘지 않았고, 또한 하치로오베에가 원한을 가질만한 사실도 확인되지 않았다. 따라서 사면되고 종래대로 근무하기 바란다.

동료가 칼을 빼들고 덤벼들어도 당황하지 않고 맨손으로 상대방의 칼을 빼앗아 일격을 가했다고 하는 행동이 평가되었던 것이다. 물론, 하치로오베에를 경멸하고 있었다는 증언이 나왔다고 한다면 어떻게 되었을지는 모르지만, 평소의 그의 행동도 정당했던 것이었다.

아마도 히라에몬은 하치로오베에에게 일격을 가했을 때에 할복을 각오하고 있었을 것이다. 그러나 결과적으로는 그것이 옳았던 것이다. 만약 동료가 칼을 빼들고 덤벼들었을 때에 도망이라도 쳤다면, 할복만은 면했을 지라도 무사답지 않은 행동을 했다고 해서 추방이 되었을 것이다.

가노家老로부터 앞서의 판결문을 선고받았던 히라에몬은 다음과 같이 말씀을 올렸다.

> (하치로오베에와 같은) 처벌이 내려질까 생각하고 있었는데, 목숨을 살려주는

용서를 받고, 종전대로 근무하라고 하는 처분은, 저는 말할 것도 없고 친척들까지도 감사하게 여기고 있습니다.

'하치로오베에와 같은 처벌이 내려지리라'고 생각하고 있었다는 것은 아마도 히라에몬의 진심이었을 것이다. 히라에몬과 같이 무예도 출중하고 항상 언동을 조심하고 있으면 이와 같은 경우에도 구제될 수 있다. 그러나 일반 무사들의 경우는 그렇지 않았을 것이다.

무사와 초닌과의 싸움

마지막으로 무사와 초닌町人과의 싸움에 대해서 언급하고자 한다. 에도시대에 최초로 무사와 초닌 사이의 대규모 싸움은 초오슈번의 모오리가毛利家에서 일어났다.

1608년 3월, 모오리 데루모토毛利輝元의 가신 카츠라 산사에몬 모토토키桂三左衛門元時는 초닌에게 싸움을 건 부하가 초닌에게 두들겨 맞았기 때문에 다수의 부하들을 보내서 보복을 했다. 그때에 상대인 초닌뿐만이 아니라 주위의 주민이나 통행인들에게까지 상처를 입히고 시내를 엉망진창으로 만들었기 때문에 모토토키는 할복을 당했다(『毛利氏四代実録考証論断』).

데루모토는 초닌의 보복으로 일단 수습된 싸움을 다시 보복을 하기 위해 다수의 부하들을 파견해서 시내를 엉망진창으로 만든 다음, 전투시 지르는 함성까지 지른 모토토키의 행동을 문제 삼은 것이다.

데루모토는 모토토키의 조부 이하라 시로오에몬井原四郎右衛門에게, "나의 조카마치(城下町, 다이묘의 거성을 중심으로 발전한 도시)를 때려 부순 일이 얼마나 큰 죄인지를 모르는가. 전대미문의 일이며 더 이상 할 말이 없다"라며 처벌의 이유를 말하고 있다.

그렇기는 하나 초닌 상대의 싸움으로 목숨을 잃게 된 모토토키에게 동정적인 면도 있어 다른 가신에게 보낸 글에서 다음과 같이 밝히고 있다.

산사에몬은 불쌍하기는 하지만 가법家法에 저촉되는 일이었기에 배를 가르게 했다.

조카마치의 초닌은 번주가 보호해야 할 사람들이었다. 가신 된 자로서 다수의 인원을 데리고 가서 습격하여 피해를 입히는 일은 있어서는 안 되는 일이었다.

단, 이 싸움에서 사망자는 발생하지 않았으므로 모토토키도 초닌을 상대로 하는 싸움이라 아랫사람들에게 습격할 시 무구 등은 사용하지 못하게 한 듯하다.

이외에 무사와 초닌의 싸움으로 유명한 것으로는 1664년에 발생한 하타모토협객旗本奴의 우두머리 미즈노 나리유키水野成之와 초닌협객町奴의 우두머리 반즈이인 초오베에幡随院長兵衛의 싸움이 있다. 나리유키는 초오베에를 살해하지만 그에 대한 처벌은 없었다. 이는 초오베에가 유명한 '카부키모노'였기 때문일 것이다. 카부키모노란 머리 형태나 수염, 복장 등을 새삼스럽게 일반인과는 달리 색다르게 하고는, 긴 와키자시를 차고 무리를 지어 시내를 어슬렁거리며 초닌들에게 폐를 끼치는 무뢰한들이었다. 이러한 종류의 무리들은 무사, 초닌 모두에게 있었는데 이 두 패거리 사이에서 항쟁을 하는 경우도 있었다.

어쨌든 겨우 처벌을 면한 나리유키였지만, 막부는 조사에 임했던 나리유키가 무례한 행동을 했다는 이유로 할복을 명령했다. 초닌과의 싸움 그 자체가 아니고 싸움이 끝난 다음 조사과정에서 할복을 당하게 되었던 것이다.

또 다른 사례로는 1700년 12월, 나가사키에서 일어난 사가번佐賀藩 후카호리령(深掘領, 영주는 나베시마 시게히사鍋島茂久)의 무사와 나가사키 마치토시요리(町年寄, 마치의 대표자) 타카기 히코에몬高木彦右衛門과의 싸움이 유명하다(「長崎喧嘩録」).

히코에몬의 사용인 소오나이惣内와 후카호리 무사 사이의 말다툼에서 벌어진 이 사건은, 후카호리의 무사 12명에 의한 히코에몬저택의 습격과 히코에몬의 참살을 불러 왔다. 다수의 인원으로 습격을 한 것은, 상대인 소오나이 등이 나가사키의 고토마치五島町에 있는 후카호리저택에 몽둥이를 들고 습격한 일이 주군인 나베시마 시게히사에 대한 행패로 간주되었기 때문이었다.

싸움의 당사자였던 시나미하라 타케에몬志波原武右衛門과 후카호리 산에몬深堀三右衛門은 습격 후 스스로 할복을 했다. 그리고 함께 습격에 참여했던 나머지 10명은, 1701년 막부의 재판에 의하여 할복이 명령되었고, 뒤늦게 히코에몬저택에 도착한 9명에게도 귀양이 언도되었다. 아무리 무사라 하더라도 부당하게 초닌을 습격하면 할복을 면할 수가 없었던 것이다.

2. 형벌로서의 할복

생각만큼 많지 않는 하타모토의 할복형

3대장군 이에미츠家光의 시대까지는 싸움이나 불상사로 할복을 명령받는 하타모토가 몇 명 정도 있었다. 그러나 4대장군 이에츠나家綱 이후의 시기에는 하타모토로 할복에 처해진 자는 적다.

치바 토쿠지千葉徳爾 씨는, "에도시대에 할복은 정식으로 인정되는 형태로서는 극히 드문 일이며, 800만 석의 도쿠가와막부의 형벌로서도 약 250년의 치세 중에 겨우 20건 정도밖에 집행되지 않았다는 것을 주의하기 바란다"(앞의 책)고 적고 있다. 이것은 중요한 지적으로, 필자가 조사한 한에서도 사료에 남아있는 하타모토의 할복형이 매운 드물었다는 것은 사실이다.

단, 막부의 감찰관幕府目付, 회계담당관勘定奉行 등을 역임한 나카가와 타다히데中川忠英가 이전에 소장했던 『엔쿄로쿠延亨録』에는 할복형이 두 건 소개되고 있다. 최초의 것은 1746년 2월 4일, 코부싱小普請[2]스기야마 히코이치로오杉山彦一郎가 조카와 누나를 살해해서 할복을 명령받았던 것이다.

히코이치로오의 조카 후쿠모리 한시치로오福森半七郎는 종종 불량스런 행동을 했다. 히코이치로오는 한시치로오에게 몇 번이나 타일러 왔는데, 한번은 한시치로오가 숙부의 말을 듣지 않고 칼을 빼서 달려들려고 했다. 그러자 히코이치로오도 칼을 빼서 응전을 하다가 하는 수 없이 한시치로오를 베어 죽이고 말았다. 그때, 히코이치로오의 누나도 상처를 입고 사망했다(「惇信院〈徳川家重〉殿御実記」).

누나라고 하는 것은 아마도 한시치로오의 어머니로 한시치로오를 감싸려고 했을 것이라 생각된다. 이 사건에서는 어느 쪽이 정당한지 불분명하지만, 막부는 두 사람을 살해한 점을 중시하고 히코이치로오에게 할복을 명령했다.

또 같은 해 7월 25일에는 착란을 일으켜 백부인 요코지 젠사에몬横地

---

2) 에도시대, 3000석 미만의 하타모토·케닌 중에 직책 을 갖지 않은 자들(無役)의 호칭.

善左衛門을 살해한 니시마루西丸[3] 코쥬우닌구미小十人組[4] 미노베 사다츠네 美濃部貞庸가 할복을 명령받았다.

이처럼 겨우 반 년 사이에 두 건이나 할복형이 있었던 적도 있다. 이 두 건 이외의 사례는 찾을 수 없었지만, 앞으로 더 조사를 진행하면 보다 많은 사례가 발견될 것으로 추측된다.

또 한 건의 하타모토의 할복형을 소개하고자 한다.

1838년에 막부가 내린 명령 서류의 부본을 모아둔 『天保九年仰渡書』에는 니시마루 쇼인반書院番[5] 마츠다이라 유키에松平靭負의 할복에 관한 기사가 있다.

마츠다이라 유키에는 자식인 테츠조오鐵藏가 두창으로 사망했음에도 불구하고 친조카인 사하라 킨조오左原金藏가 조문에도 오지 않는 것을 불쾌하게 여겨, 사과를 받으러 킨조오집을 방문했다. 그런데 킨조오가 지병 때문에 조문에 못 갔다고 변명을 하는데 격분을 하여 킨조오에게 중상을 입히고, 게다가 킨조오를 감싸려는 킨조오의 처 토미에게도 칼을 휘둘렀다.

토미는 그 자리에서 즉사하고, 킨조오는 그날 밤에 사망했다고 한다. 추측컨대, 킨조오도 그 자리에서 죽었을 것이지만 무사가 결투에서 사망했을 경우, 이처럼 후일 치료의 보람도 없이 사망했다고 보고되는 경우가 많다. 그 자리에서 죽으면 싸움에서 진 겁쟁이로 간주되는데, 후일에 죽었다고 하면 중상임에도 불구하고 살아남았다고 하여 기특(용감)한 자로 간주되기 때문이다.

---

3) 에도성 혼마루本丸의 남서방 쪽에 있는 건물. 장군의 세자나 은거한 전 장군의 거처.

4) 에도시대 상비군사조직의 하나. 와카토시요리若年寄에 소속되었고, 전시에는 장군을 기마 호위하며 평시에는 코쥬우닌초소小十人番所에서 근무했다. 장군이 출타할 때는 행렬의 앞에서 경비를 했다.

5) 에도시대 에도성이나 장군을 경호하는 직책.

유키에는 조카 부부를 살해했다는 혐의로 위탁관리처인 마츠다이라 나가토노카미松平長門守 저택에서 할복이 명령되었다. 이 사료에는 그의 할복의 모습이 상세하게 기재되어 있어 소개하고자 한다.

검시역, 마츠다이라 나가토노카미 등을 비롯해 각각 출석을 해, 그날 밤, 나가토노카미저택에 설치된 장소에서 할복이 이루어 졌다. 고토오 타메에몬後藤為右衛門이라는 자가 삼보三宝에 목도를 얹어 가지고 왔다. 마츠다이라 유키에가 그것을 받아 목도에 손을 얹은 순간에 히로세 나오지로오広瀬直次郎가 카이샤쿠를 하고, 곁에서 시중드는 자介添者가 목 피부가 3촌 정도 붙어있는 머리를 집어 들어 잘라서 검시역에게 보였다. 감찰관이 '확인했다'고 말하자, 검시역은 모두 자리를 떴다. ·

이처럼 삼보에는 와키자시가 아닌 목도가 얹혀 있었고, 마츠다이라 유키에가 그것을 집어 들자 즉시 카이샤쿠를 하는자가 목을 쳤던 것이다. 목을 치는 방법도 목의 피부가 붙어있게 쳐서, 시중드는 자가 그것을 잘라서 검시역의 관리에게 보이는 것이었다.

와키자시를 얹은 삼뽀오三寶는 '역례逆禮'를 취한다. 즉, 밤톨 모양의 구멍剞形이 없는 쪽을 앞으로 향하게 놓고, 와키자시도 칼날 쪽을 할복자에게 향하도록 놓는다. 그리고 삼뽀오에서 와키자시가 떨어지지 않도록 측면에 홈을 내고, 또 흉례凶例이므로 할복자 측의 양 측 모서리(후치緣)를 떼어 냈다. 사족이나, 원래 삼뽀오는 三方으로 표기했다. 음도 이전에는 '삼보오'로 읽었다.

할복형의 의외의 구조

에도막부가 하타모토에게 할복을 명한 사례가 적은 것은 확실하다. 거기에는 다음과 같은 사정이 있었다고 추정된다.

구舊 막부의 신하였던 무라야마 마모루村山鎭는 하타모토에게 혐의가 있는 경우의 조치에 대해서 다음과 같이 회상하고 있다(「大奧秘記」).

> 하타모토가 죄인이 되면, 그 전(죄인으로 확정되기 전)에 전부 조사해두니까 틀림은 없겠지만, 평정소(評定所, 최고 재판기관)로부터 로오주가 문서로서 질문하게 된다. 그 문서는 상급자(頭·支配)라도 볼 수가 없기 때문에 직접 자기한테로 온다. 이 문서를 받고 해명할 것이 없으면, 즉시 할복해서 자살을 하면 단순한 병사로 하고, 자식이 있으면, 가문을 잇겠다는 청원을 하여 가문은 이어지게 된다.

내밀하게 문서로 질문이 있고, 거기에 변명할 여지가 없으면 할복을 해서 목숨을 끊으면 자식에게 가문을 잇게 할 수가 있었던 것이다.

그 내용은 상급자에게도 알리지 않은 것이니, 본인의 죄는 주위에 알려지지 않고 해결된다. 죽어서 모든 것이 용서된다고 한다면 할복하는 것도 어쩔 수가 없다고 생각하지는 않았을까.

이러한 관행을 낳게 된 가장 큰 이유는, 본래 장군의 직신直臣인 하타모토에게는 죄를 범하는 분별없는 자는 없다라는 명분이 있었기 때문이었을 것이다. 하타모토에게 그와 같은 자가 있다는 것은 용인할 수가 없는 일이며, 본인에게 배를 가르게 함으로써 명분을 유지하려고 했던 것이다. 이러한 조치는 하타모토의 특권이었지만, 여러 번에서도 마찬가지였다고 생각한다.

이러한 할복의 예로서 오오스미 미요시 씨는 통속작가戱作者 류우테이 타네히코柳亭種彦의 사례를 들고 있다(앞의 책).

류우테이 타네히코는 본명이 다카야 토모히사高屋知久라는 200표俵의 하타모토로 코부싱이었다. 난숙기爛熟期라고 불려진 카세이키(化政期, 이에나리家齊 오오고쇼大御[6]시대)[7], 저서인 『니세무라사키 이나카겐지修紫田舍源氏』가 히트를 쳐서 당시 최고의 인기작가가 되었다.

그러나 로오주 미즈노 타다쿠니水野忠邦에 의한 텐뽀개혁天保改革이 시작되자, 이 책이 오오쿠大奧[8]를 제재로 하고 있었기 때문에 막부 당국이 금기시하는 부분을 건드린 결과가 되어 견책을 받게 되었다. 이어서 타네히코가 춘화(春本, 포르노)를 소지하고 있는 것이 발각되어 재차 소환되었다. 그러나 그 직후 타네히코는 사망하고 막부의 조사는 중단되었다.

이 타네히코의 죽음은 병사라고 되어 있지만(鈴木重三,「柳亭種彦」), 오오스미 씨는 막부의 심문에 변명할 수가 없어서 할복하지 않았나 추측하고 있다. 진상은 불분명하지만, 부자연스러운 죽음을 한 하타모토에게는 그러한 소문이 따랐다.

칸세이개혁寬政改革기에 중풍의 발작으로 사망했다는 마치부교오 하지카노 노부오키初鹿野信興도 실은 근무 시 잘못으로 할복을 당했다는 소문이 자자했다(「よしの冊子」).

할복을 하지 못하는 겁쟁이 하타모토에게는 음독을 강요

변명도 할 수 없지만, 죽기도 싫다는 겁쟁이 하타모토는 어떻게 되었

---

6) 오오고쇼大御所란 은퇴한 전직 장군을 말한다.

7) 에도시대의 연호인 분카(文化, 1804-1818)·분세이(文政, 1818-1830)를 합쳐서 부르는 말.

8) 에도성 내에서 장군의 부인御台所이나 측실이 거주하던 곳. 장군을 제외하고 남자의 출입이 금지된 곳이었다.

을까.

그러한 경우에는 심문서의 답서에 "전혀 생각이 안 납니다"라고 써서 제출한다. 그러면 효죠쇼에서 출두명령이 와서 출두해야만 했다.

효죠쇼에서는 대·소의 칼이 몰수되고, 효죠쇼의 법정의 툇마루에 세워진다. 그리고 삼부교오와 메츠케가 "심문 중에는 말투를 바꾼다"고 단언한 뒤, 피의자를 툇마루에서 마당으로 끌어내린다. 부교오 등의 말투는 엄격한 심문조로 바뀌고 무사에 대한 예의는 적용되지 않는다.

아무리 심문에 대해 모른다고 잡아떼도 이미 조사는 다 되어 있기 때문에 용의자의 신분으로서 감옥에 투옥된다.

그런 다음, 두세 번 더 심문을 계속하는 과정에 '감옥에서 심문 중에 병사'로 결말이 난다. 무라야마 마모루에 의하면, 병사의 대부분은 '사약賜藥을 받는다'라고 하며, 독약을 먹고서 죽는 것을 '한 모금하다'라고 불렀다고 한다. 즉 음독자살을 강요받았던 것이다.

이러한 사례에서 무슨 일이 있어도 하타모토답지 않은 마음가짐을 가진 자는 없다는 명분을 유지하려고 하는 막부 당국의 모습을 엿볼 수가 있다. '심문 중 병사'로 된 자의 가문은 단절되고 가족은 추방이 된다. 단, 미카와三河 이래의 하타모토로 선조가 공적이 많았던 자는 영지의 반을 몰수하고 가문의 상속은 허용되었다고 한다.

이상에서 살펴본 대로, 에도막부의 공식적인 할복형은 매우 드물었지만, 그 이면에서는 숨겨진 할복형이 많이 존재했던 것이다. 그것은 하타모토의 신분을 중요하게 본 막부의 표면상의 명분 때문이었다.

뇌물죄를 뒤집어 씌운 가가번의 악덕관리

그러면 여러 번에서는 어떠하였을까. 먼저 가가번의 할복형을 보도록 하자.

치바 토쿠지 씨는 1780년, 다이묘의 세자若殿인 마에다 하루나가前田治脩의 총신龍臣 나카무라 만에몬中村萬右衛門을 찔러 죽인 다카다 젠조오高田善蔵의 할복과 관련하여 다음과 같이 기술하고 있다(앞의 책).

"100만 석의 마에다가와 같은 큰 번大藩에서도 다카다 젠조오의 할복 이전 70년간에는 정식의 형으로서 할복이 없었다".

이 지적은 가가번에서는 다카다 젠조오의 할복 이전에 10건의 할복이 있었다(『가가번사료加賀藩史料』)는 점에서 잘못된 지적이라고 할 수 있다.

가가번 최초의 할복은 뒤에 소개하는 이나바 사콘稲葉左近의 할복이다. 이 할복은 번주 미츠타카光高가 아버지 토시츠네利常의 기분을 상하게 한 사콘에게, "그대의 목숨을 내가 받겠다"(「三壺記」)며, 할복을 명한 것이었다. 단지 이것은 할복형이라기보다는 '사사賜死'로 받아들이는 것이 옳을 지도 모르겠다.

죄를 지은 것이 죽음에 해당하는 하는 것으로 할복형이 명령된, 다시 말하면 무사의 형벌로서의 할복형은 아래의 사건이 최초의 사례이다.

1652년 10월 상순의 일로, 가가번의 전 번주隠居 마에다 토시츠네前田利常의 거성이었던 코마츠성小松城 죠오카마치城下町의 무사거주가옥侍屋敷에 빈 집이 생겼다. 이 집은 사정이 있어 후계자를 정할 수가 없어 생긴 무사의 저택이었다.

이 저택의 관리·감시에는 신분이 낮은 자가 담당하고 있었다. 이

관리자는 유녀를 두면서 항상 4-5명의 초닌과 더불어 술자리를 벌이고 있었다.

근처에 사는 사람들은 빈 저택에 사람들을 모아 놓고 술자리를 벌이는 등 '못된 짓'을 한다고 생각하여 종종 주의를 하였지만 말을 듣지 않았다. 그래서 코마츠 마치부교오쇼의 도오싱同心⁹⁾ 히로타 겐다유우廣田源太夫에게 신고를 했지만 겐다유우는 그대로 방치를 했다.

듣자니 겐다유우는 시정하려고도 하지 않고, "이유 없는 조사다"라며, 비웃었다고 했다. 화가 난 인근의 사람들은 그 내용을 서면으로 하여 번에 상소를 했다.

이 사실을 들은 토시츠네는 매우 화를 내어 코마츠 마치부교오인 아사노 토오자에몬浅野藤左衛門에게 명령을 하여 그 저택에 출입을 하고 있었던 초닌을 투옥시키고 재산을 몰수하게 했다.

그런 다음 초닌을 심문하였던바 초닌들은 자신들의 무죄를 호소했다.

"이는 마치도오싱인 히로타 겐다유우도 사전에 양해하고 있었던 일로, 저희들이 멋대로 출입을 하고 있었던 것은 아닙니다. 저택관리자는 그 날 그 날 일해서 살아가는 자이므로, (겐다유우가)때때로 고용을 하고 있었습니다. 또한 다른 일을 시키고 싶을 때에도 겐다유우가 다른 자를 고용해주셨기 때문에 겐다유우에게 환심을 사려고 했습니다."

곧이어 심문을 받고 있던 겐다유우는 "부교오인 아사노님에게 말씀드렸습니다"라며 책임을 면하려고 했지만, 아사노는 그러한 일은 전혀 모른다고 주장을 했다.

여러 가지를 조사한 결과, 겐다유우가 초닌으로부터 뇌물을 받고 눈

---

9) 에도막부의 쇼시다이所司代 · 여러 부교오諸奉行 등에 소속되어 요리키與力 밑에서 서무 · 경찰사무를 분장하고 있었던 하급관리.

감아 준 것이 밝혀졌다.

그 결과, 겐다유우 부자父子에게는 할복이 명령되고 저택의 관리자는 추방형을 받았다. 빈 저택에 출입하고 있었던 초닌들은 코마츠에서 유력한 초닌들이라는 점이 참작되어 머지않아 사면되었다(「三壺記」).

겐다유우는 낮은 신분의 무사였는데, 초닌들로부터 돈을 상납받고, 유력한 초닌들을 하인처럼 취급하고 있었던 것이 밝혀졌다. 시내에 대한 실질적인 지배를 맡고 있었던 도오싱이라는 직책을 이용한 행위였으니 할복형은 당연하다 할 것이다.

술 취했기에 할복!?

또 다른 예로 1664년에는 술에 취해 칼을 휘둘러 댔던 가가번사의 아들이 할복에 처해 졌다(「袖裏雜記」).

기마경비조의 요시다 마타에몬吉田又右衛門의 자식 칸에몬勘右衛門은 노마치野町의 다이렌지大連寺에서 지인 두 사람을 만나, 오후 10시가 지나도록 술을 마시어 꽤나 취했다. 그런데 귀가 길에 구로사카 키치에몬黑坂吉右衛門의 저택 앞에서 칸에몬은 낭인 핫토리 이리야服部入也 등과 마주쳤다.

칸에몬이 비틀거리며 부딪쳤기 때문이었을까? 이리야가 칸에몬을 나무랐다. 그러자 칸에몬은 칼을 빼들고 이리야에게 덤벼들었지만 이리야에게는 닿지 않았다.

그날 밤 이리야는 함께 있던 자들과 더불어 요시다 마타에몬의 집을 방문했다. 마중 나온 칸에몬은 다음과 같이 변명했다.

"오늘 밤의 일은 술에 취해있었어 어찌됐는지 잘 모르고 있기에 아무쪼록 잘 부탁 드립니다."

그러나 이 사건은 번에서 조사하기에 이르렀다.

칸에몬은 처음에는 "이리야에게 칼 빼들고 덤벼들은 일은 기억이 나지 않습니다"라고 변명을 했지만, 목격자도 있었기 때문에, "한 번 칼을 휘두른 기억은 납니다만, 그 뒤의 일은 조금도 기억이 나질 않는다"라고 공술했다.

또한, 참고인으로서 호출된 다이렌지의 주지는 "칸에몬은 조금은 취해있었다고 생각되나 정신을 잃을 만큼은 아니었다"고 증언을 했다.

번 당국은 칸에몬의 공술이 바뀐 점을 중시하고 그러한 점을 번주에게 보고했던 바, 아오야마 쇼오겐靑山將監에게 위탁관리한다는 명령이 내려졌다. 아마도 할복이 명령되었을 것이라고 사료는 기록하고 있다.

가가번에서 이상과 같은 할복형이 적어도 에도 전기前期에 이미 언도되고 있었다는 것을 확인해두고자 한다.

이익착복에 횡령까지 한 일탈무사

다음으로 호시나가(保科家, 山形藩, 후일의 会津藩)에 있었던 할복형을 살펴보고자 한다. 『아이즈번가세실기会津藩家世実記』에 기재되어있는 최초의 할복형은 1642년의 것이다.

이해 2월 29일, 나츠메 이오리夏目伊織라는 중급가신이 할복을 명령받았다. 그리고 이 시기의 번주 호시나 마사유키保科正之의 영지는 야마가타山形이다.

이오리는 번의 '말 담당'이었다. 원래 모리노 즈쇼守能図書라는 자의 문하생으로, 18-9살 때에 천하의 명인이라는 칭찬을 들었던 인물이었다. 야마가타번에서는 그의 말을 다루는 능력을 인정하여 번사로 받아들였다. 봉록은 600석이었다. 신참으로서는 높은 봉록이었으니, 번으로부터 높이 평가받고 있었다고 생각된다.

이오리의 직책인 '말 담당'은 번주의 말 담당 책임자로 상당한 권한을 가지고 있었다.

이오리는 에도에 근무할 때, 시중에서 매입한 대두를 직접 카미야시키上屋敷[10]에 전달하지 않고, 우선 이치가야市ヶ谷에 있는 번의 마구간으로 납입시켰다. 거기서 한 석당 한 말씩 자신의 몫으로 때고 나머지를 카미야시키에 배달했다. 즉, 번의 공급으로 구입한 말 사료인 대두를 일할(一割=10%)씩 착복하고 있었던 것이다.

더욱이, 마구간에 근무하고 있던 자 중에서 도망을 가거나, 병사 혹은 봉록지급이 끝난 자가 있을 때에는 원래는 봉록인 쌀을 반납해야 됨에도 불구하고 후임자가 결정될 때까지는 자신의 몫으로 챙기고 있었다. 또한 고국인 야마가타에 마구간에 근무하는 자 한 명을 출장시켰을 때에 5명의 여비를 지출해서 4인분은 자기가 챙겼다.

이러한 행위는 오늘날의 업무상 횡령죄에 해당되며, 사기죄로도 적용될 정도의 범죄이다. 세상으로부터 인정받는 무사이면서 번주의 돈을 횡령하는 대죄를 태연하게 범하고 있었던 것이다.

오늘날 이러한 사건은 징계면직에 형사 처벌 정도를 받아야 하는 일이지만, 에도시대의 무사라면 가록은 몰수당하고 할복에 상당하는 죄이다.

아니나 다를까 이오리는 할복에 처해졌다. 추측컨대 이오리의 경우는 여자 관계가 치명적이 되었다. 이오리는 횡령을 통해 챙긴 돈으

---

10) 에도시대, 상급무사, 특히 여러 번의 다이묘가 에도 시중에 건립해서 평상시의 거처로서 사용한 저택.

로, 에도에서는 유녀를 데리고 놀고, 야마가타에서는 여자를 축첩하
곤 했다. 『아이즈번가세실기会津藩家世実記』에서는 이오리의 죄상을 '여
색을 탐하는 등 행실이 나쁨'으로 되어 있다. 행실이 나쁜 정도가 추
방으로는 부족했을지 모르겠다.

이처럼 오늘날이라면 징계면직에 상당하는 죄로도 할복이 명령되
어지고 있었다. 같은 관청근무라고는 하나 에도시대의 무사에 대한 처
분은 오늘날과는 비교도 되지 않을 정도로 엄격하였던 것이다.

심신상실자의 행위도 처벌한 에도시대의 형법

1675년 5월 24일에는 아이즈번의 조장 이코마 고베에生駒五兵衛의 자
식 젠고로오善五郎가 할복을 명령받았다. 젠고로오는 백부인 군郡 부교
오 무라타 요다유우村田与太夫를 살해했는데 특별히 원한이 있었던 것은
아니고 정신착란에 의한 짓이었다. 사건이 있은 다음, 아버지인 고베
에는 조장으로 그 달의 책임자인 누마자와 쿠로오베에沼沢九郎兵衛에게
신고를 했다.

보고를 받은 가노家老는 사실 확인을 위해 감찰관인 모리 고로오사
에몬森五郎左衛門과 이노우에 킨에몬井上金右衛門을 고베에집으로 파견했
다. 감찰관이 요다유우의 상처를 조사한 바 요다유우는 목이 잘려서
사망했으며, 젠고로오는 무엇을 물어도 횡설수설을 하였다. 젠고로오
는 요즘 말하는 심신상실의 상태였다.

이 사건은 번주 호시나 마사츠네保科正経에게 보고되었다. 마사츠네
는 젠고로오에게 할복을 명령하였는데 그 이유가 너무나도 에도시대
다운 것이었다. 마사츠네의 명령은 다음과 같았다.

싸움의 경우라면 조사를 한 다음 부당한 점이 있다면 호시나 마사유키가 정한 규정에 따라 구명을 받을 수도 있겠지만, 난심착란을 하여 사람을 살해 하고, 게 다가 요다유우는 큰 아버지에 해당함으로, 만약 젠고로오가 제정신으로 돌아오 면 아마도 자결을 하려고 생각할 것이다. 아버지인 고베에도 구명하고자 하지 않을 것이므로 이러한 이유로 젠고로오에게 할복을 명령했다.

아이즈번에서는 싸움이라면 살아남았다하더라도 단순하게 료오세 이바이兩成敗에 의해 처벌하지는 않고, 번의 시조인 호시나 마사유키가 정한 규정에 비추어 조명助命을 받는 경우도 있었다고 한다.

단지, 젠고로오의 경우는 난심착란에 의한 살인이었다. 죄는 아니지 만 만약 젠고로오가 제정신으로 돌아온다면 자결하고자 생각할 것이 며, 아버지인 고베에로서도 큰 아버지를 살해한 자식을 살리고 싶다고 는 생각하지 않을 것이므로 할복을 명한다는 것이다.

어쩌면 그럴지도 모르겠다. 만약 젠고로오가 정상적인 사람이라면 제정신으로 돌아와서 자신이 큰 아버지를 살해했다는 것을 알게 되면 그대로는 있지 못할 것이다.

지금의 법률에서는 심신상실의 상태에서 살인을 했다면 죄는 성립 되지 않지만, 그러나 에도시대에는 달랐다. 1658년 9월 5일의 호시나 마사유키의 분부에는 "난심자가 사람을 살해하면 물론 처벌해야 한다" 고 하고 있다. 젠고로오의 경우도 이 분부에 따른 것이라 할 수 있다.

그리고 젠고로오의 할복에는 검시관의 파견은 필요 없다고 되어 있 다. 이 할복은 형벌로서의 할복이라기보다도 무사의 특전으로서 할복 의 허용, 즉 '사사賜死'라고 이해하는 편이 좋으리라 생각된다.

3. 할복인가, 아니면 처형인가

무사의 처형

미타무라 엔교三田村鳶魚 씨는 무사와 그 이외의 사람들에 대한 처벌의 차이에 대해서 다음과 같이 지적하고 있다(『敵討の話・幕府のスパイ政治』).

> 무사된 자는 선・악의 변별을 하지 못해서는 안 된다. 자신이 저지른 일을 자기가 처리하지 못해서는 도무지 자주독립을 할 수가 없다. 그러므로 형벌의 측면에서도 무사는 할복으로 정해져 있었다. (중략) 초닌・농민의 경우는 (죽음에 해당하는 죄의 경우에는) 사형死罪[11]을 언도한다. 자신이 저지른 일을 자기가 처리하지 못하니까 그 죄를 갚도록 하기 위해서 사형을 시키지 않으면 안 된다라는 이유였습니다.

이처럼 무사는 최하급의 무사일지라도 할복이 허용되어 있었다. 그러나 죄상에 따라서는 드물게 나무 기둥에 묶어 놓고 창으로 찔러 죽이거나 참수형에 처해진 경우도 있었다.

예를 들면, 오카야마번주 이케다 미츠마사는 오사카전투大阪陣[12]에서 이치방야리一番鎗[13]를 조사했을 때에, 자신의 공적에 대해 허위의 신고를 한 자에 대해서는 '무사에게 있어서는 있을 수 없는 처벌'을 한다고

---

11) 에도시대의 형벌의 하나. 참수형에 처해서 시체는 칼 시험용으로 사용하고(試し斬り), 재산은 몰수했다.

12) 오사카의 겨울전투와 여름전투를 말한다. 1614년 겨울, 경도의 호오코오지方広寺에 있는 종의 비명을 구실鐘銘事件로 도쿠가와 이에야스가 도요토미 씨의 거성 오사카성을 공격한 전투와 1615년 여름, 도쿠가와 측이 겨울전투 때 맺은 화평조약을 위반하면서 오사카성 내의 해자를 매웠기 때문에 도요토미 측이 공격을 했으나 이에야스 등에게 오사카성이 낙성되고 이때 도요토미 씨는 멸망한 전투를 말한다.

13) 전장에서 최초로 적진에 창을 들고 돌격하는 일 또는 그 사람. 또는 최초로 공을 세우는 일 또는 그 사람을 말한다.

말하고 있다. '처벌'이라는 것은 참수형(斬罪·打首)을 말하며, 가증스러운 놈이므로 사무라이에게는 있을 수 없는 참수형에 처할 것이라는 얘기이다.

미츠마사도 기본적으로는 무사를 참수하는 것은 생각하고 있지 않았다. 그러나 하는 짓이 무사로서는 너무나도 수치스러운 짓을 했을 경우에는 참수형에 처한 경우도 있었던 것이다.

또한 무사의 경우에, 실제로 참수형에 처해졌더라도 표면적으로는 할복한 것으로 하는 경우도 있었다. 1674년 11월, 심신상실로 여동생을 살해한 마치부교오쇼 도오싱 신가이 마타노죠오新貝又之丞의 경우도 참수형에 처해졌지만 표면적으로는 할복이었다. 이는 처리상 할복한 것으로 취급된다.

실제의 할복의 경우에도 배를 가르기 이전에 목을 치는 경우가 있었으며, 와키자시 대신에 부채扇子를 대용하는 '센스바라扇子腹'라는 작법도 에도시대 전기부터 존재했다(氏家幹人,『大江戸残酷物語』).

참수형의 모습(메이지대학 형사박물관소장『도쿠가와막부 형사도보刑事圖譜』에서 인용).

한편, 무사신분 이외의 자가 죽을 죄를 지으면 '참수형'이었다. 이 경우도 무사의 경우와 마찬가지로 오늘날의 관점에서 보면 가벼운 죄라도 참수형에 처해졌다.

예를 들면, 업무상 횡령과 여색을 탐한 죄로 할복형에 처해진 아이즈번사 나츠메 이오리의 하인은 피해를 입을까봐서 주인의 할복을 지켜보지도 않고 도망을 쳤다. 그러나 그는 그 일 때문에 자수를 했음에도 불구하고 참수되었다. 현저하게 형벌의 균형을 상실하고 있는 듯하지만, 이러한 것이 에도시대의 처벌의 상황이었다.

그래도 처형된 가가번의 무사

그러면 예외적으로 참수형에 처해진 무사를 『가가번사료加賀藩史料』에서 살펴보도록 하자.

1677년 4월, 센고쿠仙石의 기마경비조 시바타 헤이로오柴田柄漏의 자식 마고노죠오孫之丞가 남색 건으로 다투어 자택에서 긴야 쵸에몬銀屋長右衛門이라는 자를 베어 죽였다. 이 때문에 마고노죠오는 오쿠노 우베에奥野右兵衛라는 자에게 위탁관리되어, 4월 8일 참수형에 처해졌다. 오다 코하치로오織田小八郎라는 자에게 위탁되어 있던 마고노죠오의 아버지 헤이로오도 같은 날 할복을 명령받았다(「五公譜略」).

마고노죠오에게 할복이 허용되지 않았던 사정은 사료에 '행실이 나쁨으로'만 기록되어 있어 자세한 내용은 모르겠지만, 번에서 금한 남색 때문에 일어난 사건이었기 때문에 무사로서의 예가 갖추어지지 않았을 것이다.

또 1731년 10월 19일, 모오리 타베에毛利太兵衛라는 자가 동생인 스케에몬助右衛門을 살해하는 사건이 일어났다. 그리고 다음 해 윤 5월 21일에 다음과 같이 언도되었다(「浚新秘策」).

타베에는 동생 스케에몬에게 충고를 했던 바, (스케에몬은) 받아들이기 어렵다고 말하며 뒤에 있는 와키자시를 들고 대들려고 했기 때문에 베어 죽였다고 한다. 스케에몬은 (주군으로부터)영지도 하사받고 중요한 직책도 맡고 있는 몸이다. 한편, 타베에는 수년 전의 행실도 있고 해서 주군으로부터 노여움을 사고 있는 몸이며, 게다가 동생 스케에몬에게 부양받고 있으므로, 이러한 점들을 생각하면 비록 스케에몬이 칼을 휘둘렀다고 해도 어떻게든 말렸어야 함에도 불구하고 부당하게도 동생을 베어 죽인 것은 주군도 두려워하지 않는 행동이며, 그 위에 동생에 대해서도 자비심이 없는 행동으로 괘씸하기 짝이 없다고 생각한다. 따라서 엄격하게 처벌해야만 하겠지만, 스케에몬의 행동도 옳지 않기 때문에 죄를 한 등급 감해서 할복을 명령한다.

생활의 뒤를 돌봐주고 있는 동생을 무자비하게 베어죽인 타베에의 행동은 '엄격하게 처벌해야만'하는 것이었다. 이 경우에는 참수형을 의미하고 있다. 그러나 충고를 한 형에게 대들려고 한 스케에몬의 행동도 옳지는 않기 때문에 '한 등급 감'해서 할복이 허용된 것이다.

이처럼 본래는 처형을 해야 하지만, 할복을 허용하는 케이스는 많다. 이는 역시 무사의 체면을 배려한 것이라고 생각된다.

여담이 되지만 이 사건의 배경을 좀 더 소개하기로 하자.

10월 19일 해질 무렵이 지나, 스케에몬은 아내에게 화가 나서 큰소리로 꾸짖고 있었다. 방 안에 있었던 타베에는 그 소리를 듣고서 스케에몬 등이 있는 곳으로 와서 타일렀지만, 스케에몬은 그만두려고 하지 않는다. "여자니까 그런 식으로 말하는 것이지. 남자에게라면 그런 식으로 말할 수 없을 것이다."

타베에의 이 말에 분격을 한 스케에몬은 뒤에 있던 와키자시를 집으려고 했다. 그러자 타베에는 스케에몬을 베어 죽였다는 것이다.

타베에에 의하면, 움직이지 못하게 붙잡으려고도 생각했지만, 코타츠炬燵[14]나 등行燈도 있고 방심하면 스케에몬의 처자 등에게도 위해가 미칠지도 모른다고 생각해 그 자리에서 베어 죽였다고 한다. 단, 그 자리에 남아있는 스케에몬의 와키자시는 칼집에 그대로 있었으며, 타베에가 주장한 것처럼 와키자시를 빼들고 대들려고 하지는 않았던 것이다.

타베에는 스케에몬을 살해한 후, 몰려든 하인들에게, "동생으로서 형에게 대들었기 때문에 벤 것이다. 큰일이 아니니 놀라지 마라"고 말한 뒤, 저녁 먹자고 하면서 밥을 세 공기나 먹었다고 한다. 약간 정신적인 이상이 있었는지도 모른다.

언도문 중에 있는 '수 년 전의 행실'이란 20년쯤 전의 사건을 지칭하는 것이었다. 타베에는 형인 한다유우半太夫에게 생각하는 바가 있다고 하며 탈번을 해서 에도의 센소오지浅草寺에 들어가서 중이 되려고 한 것이다. 이때는 절의 주지로부터 통보를 받은 한다유우와 스케에몬이 에도로 가서 타베에를 설득해서 귀국시켰다.

그 후 타베에는 직책도 맡지 않고 있었는데, 최근에는 스케에몬이 자신의 저택으로 모셔와 외출도 하시라며 하인도 한 명 부쳐주는 등 형으로서 공경을 해왔다고 한다. 이번의 사건은 아무리 생각해도 타베에의 독선적인 행동이었던 모양이다.

아니면 타베에가 스케에몬의 아내와 밀통을 하고 있었는지도 모른다고 생각할 독자도 있으리라. 그렇게 생각하는 것은 당시의 사람들도

---

14) 열원을 탁자 밑에 설치하고 그 위에 담요를 덮은 난방장치.

마찬가지여서 그 점을 타베에에게 심문했으나 그러한 사실은 없었다고 했다.

본보기로서의 무사의 처형

아이즈번에서도 무사의 신분이면서 참수당한 자들이 있었다. 『아이즈번가세실기』에서 몇 가지의 사례를 살펴보자.

1647년 12월 8일, 아이즈번의 에도금고江戸納戸에서 돈을 훔친 구로카와치 슈메黒河内主米라는 자가 감옥 내에서 참수되었다. 이때에는 슈메의 부정을 방치한 동료인 호리우치 사쿠사에몬堀内作左衛門 등도 처벌되었다. 주군의 돈을 훔친다는 것은 단순한 절도가 아니라 불경죄에 해당하는 죄였던 것이다.

다음으로 1651년 1월 25일, 호시나 다이노스케(保科大之助, 훗날의 마사츠네正経)의 후토코로모리懷守[15] 이치하라 사에몬市原左衛門이 다이노스케의 유모와 밀통을 하고 있었던 것이 발각되어 참수되었다. 이것도 불경죄에 해당하는 것으로 당시로서는 당연한 처벌이었을 것이다.

1667년 3월 26일에는 마치도오싱 소책임자 다카하시 야에몬高橋弥衛門의 자식 이치사부로오市三郎와 바쿠로초博労町의 로쿠베에六兵衛가 시중에서 '사람을 괴롭힌다'라는 죄목으로 참수되었다. 이것은 너무나 가혹한 처사로 생각되는데 실제의 사건을 살펴보도록 하자.

그 무렵 아이즈 시내에서는 젊은이들이 거의 매일 밤중에 거리에서 패거리를 짓고 있었다. 한 명, 또는 두 명이서 지나가는 초닌이나 어린이, 하인, 농민 등을 놀라게 하거나 넘어뜨리기도 했다고 한다. 또한 하녀 등이 지나가면 말로서 희롱하거나 붙잡아서 강간하는 일도 있었다

---

15) 다이묘가 등에서 어린 아이를 안아 지키는 사무라이를 가리킴.

고 한다.

마치부교오 오바라 이사에몬小原伊左衛門은 이와 같은 상황을 방치할 수 없어 그러한 자들은 발견하는 즉시 체포하도록 명령을 하고 마치도 오싱에게 야간 순찰을 하게 했다.

야간순찰의 결과, 밤중에 패거리를 짓고 있는 자 19명을 체포해서 부모형제나 친척에게 위탁했다. 그 중에는 마치도오싱 소책임자 다카하시 야에몬의 자식 이치사부로오도 있었다. 이치사부로오는 아직 17살의 소년이었다.

마치부교오가 그들을 조사했더니, 밤중에 패거리를 짓고서 통행하는 사람들을 넘어뜨리거나 하녀 등을 말로써 희롱하기도 했다는 것은 소문만 무성했지 증거가 없었으며, 강간을 했다고 하는 일은 더욱 더 사실인지 아닌지 확인할 길이 없었다.

그러나 가노家老들은 참수를 주장하면서 그들을 감옥에 투옥시켰다. 패거리를 지어서 행인들에게 행패를 부린 것은 '버릇없기 짝이 없는' 중죄이므로 참수를 명령한다는 것이었다.

그러나 마치부교오가 면밀히 조사를 했음에도 불구하고 증거는 없었던 것이다. 만약 19명 전원을 참수한다면 그 중에는 잘못이 없는 자가 있을 지도 모르며, 죄에도 경중이 있다고 생각되었다. 그래서 두 명만을 '본보기'로서 처형하기로 했다.

이치사부로오는 마치도오싱 소책임자의 자식이라는 점에서 '본보기'의 맨 첫 대상자로서 뽑혔다. 시내 치안에 책임을 져야 하는 마치도오싱 소책임자의 자식으로서 밤중에 패거리를 지어서 돌아다닌다는 것은 그 죄가 무겁다는 것이었다.

또 한 사람의 본보기로 뽑힌 바쿠로초의 로쿠베에는 22살의 젊은

이로, '킨페이金平'라는 다른 이름을 가지고 있었다. 큰 와키자시 한 자루를 차고서 길거리를 막아서는 통행을 방해하고 통행인들을 넘어뜨리는 짓을 했다고 한다.

로쿠베에는 작년 9월에 여자가 혼자서 걸어가고 있는 것을 붙잡으려고 한 적이 있었다. 그러나 그 여자가 "남편 있는 여자를 희롱하려하니 나와서 도와주세요"라고 큰 소리를 질렀기 때문에, 집에서 나온 근처의 주민 5-6명에게 제지를 당했다. 이러한 전력 때문에 로쿠베에를 두 번째의 본보기로 삼았을 것이다. 가노家老의 선언문에는 "초닌의 신분에 어울리지 않는 긴 칼 등을 차고"라는 것이 이유로 열거되어 있었다.

로쿠베에의 참수는 초닌 신분으로서는 당연했지만, 무사인 이치사부로오가 참수당한 것은 마치도오싱 소책임자라는 아버지의 직책이 역으로 작용했다고 할 수 있다. 본래라면 할복으로 끝날 사안이었다.

완전히 조직인간이 된 사무라이

형벌로서의 할복은 에도시대가 되면 일반적으로 행해지게 되었는데, 그것이 무사 신분에 대한 배려였다는 것은 분명하다. 이미 말했듯이 무로마치시대나 전국시대에는 특별한 무사에게만 할복이 허용되고, 일반무사가 범죄를 행하게 되면 참수형에 처해졌던 것이다.

왜 에도시대의 무사는 할복을 명령받게 되었을까. 이에는 무사 기질의 변화와 관계가 있다.

전국시대까지의 무사는 할복을 명령받았다하더라도 순순히 따르지는 않았다. 도망을 가서 다른 주군을 섬길 수도 있었으며, 도망을 칠 수 없는 상황에서는 저항을 하기도 했다. 단지 '할복을 명한다'고 말한다 해서 그것으로 끝나는 시대가 아니었다.

만약에 할복을 한다고 하면, 배를 갈라 자신의 결백을 증명하는 경우 이외에는 생각할 수가 없다. 그러나 처벌을 하는 주군도 그 가신에게 죄가 있다고 확신하고 있기 때문에 처벌하는 것이다.

이윽고 에도막부가 성립하고 여러 번에서도 마찬가지로 번정藩政이 확립되게 되면, 무사는 자신이 소속되어 있는 조직 이외에서는 살아갈 수 없게 된다. 가령 번에서 도망을 쳤다하더라도 다른 번에서 받아줄 가능성은 없으며, 무사로서는 길가에서 굶어죽는 수밖에 없다. 그러한 사회에서는 주군이 죽으라 하면 죽는 수밖에 없었다.

그리고 그 대가로 죽음을 명령받았을 때, 무사 신분의 중요함을 배려해서 할복이 허용되었을 것이다.

단, 처음에는 군사적인 압력 아래에서 할복을 강요하였다. 할복을 명령함과 동시에 토벌군을 파견하여 그 가신의 저택을 둘러싸는 것이 보통이었다. 만약에 그 가신이 할복을 하지 않으면 공격을 하여 토벌하게 되는 것이다. 뒤에 기술하게 되는 가가번의 이나바 사콘이나, 모리 오오가이森鴎外의 소설로 유명한 구마모토번熊本藩의 아베일족阿部一族도 번주가 토벌군을 파견하여 그들의 저택을 포위하고 있다. 단 아베 일족은 할복을 명령받은 것도 아니었기에 과감하게도 살해될 때까지 저항을 했다. 이 경우도 에도시대 초기의 특수한 경우이다. 에도시대 중기가 되면 같은 경우라도 할복을 하여 죽었을 것이다.

이처럼 에도시대의 무사는 막부나 번이라는 조직을 떠나서는 살아갈 수 없는 존재로 되어 있었다. 그 때문에 주군이 배를 가르라 명하면 순순히 배를 갈랐다. 오히려 배를 가르라고 하기 이전에 스스로의 죄를 알게 되면 배를 갈라서 사죄하게 되었다.

명치시대가 되어 유럽에 간 하타모토 출신의 혼다 스스무는 런던의

하숙집 딸로부터 "당신은 이전에 무사였다고 하는데, 무사는 칼을 두 자루 차고 있으며, 긴 칼로는 사람을 베고, 짧은 칼로는 자신의 배를 가른다고 하는데, 그렇습니까"라고 질문을 받았다고 한다(『屠腹ニ關スル 事實』). 이 정도로 할복은 무사와 불가분의 관계로 되어 있었던 것이다.

칼럼

무사의 신분과 할복양식

할복은 차츰 양식이 정해지게 되어, 신분에 따라서 자세한 규정이 정해지게 되었다. 이노우에 테츠지로오#上哲次郎 씨 구소장의 『절복구결切腹口決』이라는 사료(동경대학사료편찬소장 등사본)에 의하면, 다다미를 까는 방법도 극상식(極上の敷き方, ①그림)은, 3조 다다미를 깔고, 그 위에 담요를 깔고 할복을 한다. 상식(上の敷き方, ②그림)은, 3조의 다다미를 횡으로 깔고 담요를 깐다. 이하, 중식(中の敷き方, ③그림)은 2조 다다미를 깔고, 하식(下の敷き方, ④그림)은 1조위에 할복하는 자가 앉고 그 옆에 놓인 다다미에 카이샤쿠닝介錯人이 선다.

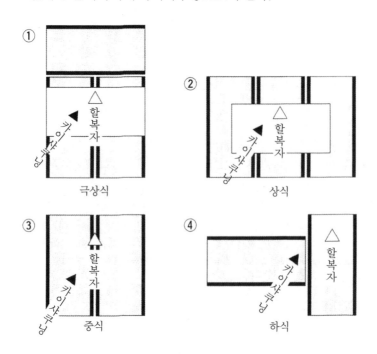

그리고 카이샤쿠를 하는 자의 마음가짐으로서 만약 할복하는 자가 겁을 먹은 것처럼 보일 때에는 술을 준비해서 격려를 한다든지, "뭔가 써서 남기고 싶은 것이 있으면 남기시오"라며 먹과 종이 등을 제공하고, 남기고 싶은 글을 생각하며 목의 각도가 적당하게 되었을 때 목을 친다든지 등과 같은 비법도 기록되어 있다. 물론 이러한 일은 검사역과 사전에 내담을 할 필요가 있다고 되어있다.

3장
뭐라 말할 수 없는 안타까운 할복

1. 번으로부터 버림받은 무사들

사건의 발단은 무사의 자존심

에도시대의 무사는 의외의 일로 할복을 하지 않을 수 없게 되어 있었다. 오늘날이라면 죄에도 해당되지 않는 일로 할복을 해야만 하는 경우에 처한 무사도 많았다. 이 장에서는 그러한 사건을 『아이즈번가 세실기会津藩家世実記』에서 소개하고, 무사가 얼마나 기묘한 규율 속에서 살아가지 않으면 안 되었는가를 살펴보고자 한다.

우선, 번을 위해서 좋은 일이라고 생각해서 했던 일이 무사에게 어울리지 않는 행동이라고 간주되어 할복을 하게 된 번사의 이야기이다. 이 사건은 우지이에 미키토 씨가 무사에게 있어 소문이 얼마나 중대한 결과를 초래하는가라는 관점에서 소개하고 있는데(『江戸藩邸物語』), 등장인물의 언동이 매우 흥미롭기 때문에 상세하게 살펴보고자 한다.

1642년 4월 1일, 작년 10월에 에도로 올라온 우치다 산쥬로오内田三十郎는 반 년의 근무를 마치고 번으로 돌아가는 중이었다. 이 시기의 번주는 호시나 마사유키였으며, 지역은 야마가타였다. 산쥬로오는 200백

석을 받는 중급번사로 스기우라 토오하치로오杉浦藤八郎조에 소속되어 있었다.

산쥬로오는 숙박이 예정되어 있던 아시노숙역蘆野宿에 도착해 긴 여행의 피로 탓인지 요네자와번米沢藩 가노家老 히라바야시 쿠라노스케平林内蔵助가 머물고 있는 본진의 툇마루에 잠시 서있었다.

그러자 산쥬로오를 발견한 히라바야시의 하인이 말을 걸어 왔다.

"그쪽을 물러나 주십시오."

하인이니 무사 신분은 아니고 무사 집에 고용되어 있는 자이다. 신분이 높은 무사라는 자부심이 있는 산쥬로오는 이를 무시했다.

그러자 상대는 무례한 말을 했다. 이에 대해 산쥬로오가 말로써 응수를 했더니 히라바야시의 하인 중 한 명이 산쥬로오의 가슴팍을 움켜쥐고, 또 한 명이 상투를 잡아 쓰러뜨려 툇마루에서 떨어뜨렸다.

화가 난 산쥬로오는 와키자시를 뽑아 상대 중 한 명의 미간을 내리쳤다. 그러자 동료인 하인들이 봉을 들고 모여와서 산쥬로오를 붙잡아 포박하려했다.

거기에 소동을 듣고 달려 온 숙역의 책임자인 게키外記라는 자가 끼어들었다.

"무례한 행동을 해서는 안 됩니다."

게키는 싸움을 중재하고 산쥬로오의 신병을 떠맡았다. 만약 산쥬로오가 포승줄에 묶이기라도 하면 중대사건으로 발전하게 되는 것을 알고 있었던 것이다.

흥분이 가라앉지 않는 산쥬로오는 종자에게 명령을 했다.

"요네자와번의 놈들에게 칼을 빼어 들었으나, 포박을 당할 뻔했으니 할복을 하겠다. 너는 에도로 가서 감찰관인 가리노 하치타유우狩野八太

夫님에게 검시역을 부탁한다고 전해라."

다른 번의 사람과 칼부림을 하면 켄카(싸움)가 되어 쌍방 모두가 할복을 하게 된다. 그것을 알고 있었기 때문에 쿠라노스케의 하인들은 봉으로 산쥬로오를 붙잡으려고 했던 것일 것이다.

그러나 '포박의 수치'라는 말도 있듯이, 무사가 포박을 당하는 것은 최상의 굴욕이며, 그 자체가 할복에 상당하는 수치였다. 산쥬로오가 할복할 기분이 된 것은 당연한 일이었다.

무사안일주의가 내린 결단

산쥬로오가 보낸 급사(急使, 원문은 飛脚)는 헤비사와蛇澤라는 곳에서 산쥬로오와 같은 스기우라 토오하치로오조인 오오누키 시로오에몬(大貫四郎衛門, 150석), 시모야마다 치카라下山田主税, 야시마 타로오베에八嶋太郎兵衛 세 명과 만나게 된다.

급사로부터 산쥬로오에 관한 이야기를 들은 그들은 "산쥬로오가 면목을 잃어 버렸다면 충고를 하여 배를 가르게 하자"고 생각했다.

이윽고 3인은 아시노숙역에 도착해 산쥬로오를 직접 만나 사정을 청취하고자 했다. 그러나 산쥬로오가 어디에 있는지 알 수가 없었다.

한편, 산쥬로오는 냉정을 되찾아 생각을 해보니, 할복을 하지 않고도 일이 끝날 수 있을 것 같아 생각을 달리하고 앞서 보낸 급사를 멈추게 하려고 또 다른 급사를 파견하였다. 이 두 번째의 급사는 아시노숙역부터 11번째 마을쯤에서 같은 조의 나가사카 사부로오에몬永坂三郎右衛門을 만나게 되어, "산쥬로오는 배를 가르지 않는다"고 말한 뒤, 앞서의 급사를 쫓아갔다.

아시노숙역에 도착한 사부로오에몬은 앞서 도착해 있던 시로오에몬 등과 만나 그들을 자기의 숙소로 데리고 갔다. 3인은 당초 의논한 대로 주장을 했다.

"어찌했든 산쥬로오를 만나서 그가 면목을 잃어버린 게 사실이라면 할복을 하게 하여 상대에게 알려야 한다."

그러나 연장자인 사부로오에몬은 다른 생각을 가지고 있었다.

"가령 산쥬로오에게 할복을 하게 했다손 치더라도, 상대인 히라바야시가 하인을 죽여서 그 목을 가져오게 된다면 어떻게 하지."

"그것은 있을 수 없는 일입니다. 이쪽은 사무라인데 저쪽은 하인이어서는 균형이 맞지 않습니다. 무슨 일이 있어도 히라바야시의 배를 가르게 해야 합니다."

"만약 그렇게 되면 일이 커진다. 무엇보다도 주군에게도 누가 될지도 모르니, 그러한 방법은 택할 수가 없다. 나에게 맡겨주길 바란다."

이렇게 하여 사부로오에몬은 산쥬로오를 만나는 일은 하지 않고 산쥬로오의 가신을 찾아서 사정을 들으려고 했다. 그러나 이 방법이 화근을 남기게 되었다.

부하를 냉정하게 자르는 상사

산쥬로오 가신이 어디 있는지도 알 수가 없었다. 4명은 숙역의 책임자인 게키를 불러서 사정을 듣기로 했다. 여관本陣 주인이야기에 의하면, 상대방인 히라바야시 쿠라노스케는 산쥬로오에게 공격을 당한 하인을 처형해서 머리를 넘겨주겠다고 말하고 있다는 것이었다. 그러나 그것으로서는 무사인 산쥬로오의 할복과는 균형이 맞지 않는다. 그렇게 해서 사태를 수습할 수는 없다는 것이 4명의 공통된 생각이었다.

그러던 사이에 게키 등 두 명이 찾아왔다. 4명은 두 사람으로부터 사정을 청취한 다음, 사부로오에몬의 숙소에서 조장에게 보낼 서장을 작성해서 연서를 했다. 급사로는 사부로오에몬의 가신을 보내기로 했다. 사부로오에몬 이외의 3인은 내일 아침 해뜨기 전에 급사를 출발시키도록 다짐을 한 다음 사부로오에몬에게 서장을 맡겼다.

다음 날 아침, 게키로부터 상대방(산쥬로오)이 할복을 하지 않을 모양이다라는 소리를 들은 히라바야시는 날 샐 무렵에 숙소를 떠났다. 조 책임자에게 보낼 서장이 아직 사부로오에몬의 수중에 있을 때였다.

다음으로 사부로오에몬을 방문한 게키는 산쥬로오가 만나고 싶어한다는 얘기를 사부로오에몬에게 알렸다. 그러자 사부로오에몬은 머지않아 아시노숙역에 도착할 예정인 다른 4명과 함께 총 8명이 산쥬로오를 만나기로 했다.

산쥬로오는 그들에게 싸움의 경과를 자세하게 설명한 한 뒤, 다음과 같이 말을 했다.

"단단히 혼을 내주었다고 생각합니다. 상대의 이마를 베었기 때문에 내몸에 상대의 봉이 닿은 것은 문제가 아니라고 생각해 할복은 하지 않았습니다. 만약에 저에게 털끝만큼이라도 잘못한 점이 있다면 말씀해 주십시오."

싸움이 끝난 후, 시간이 경과 된 탓인지 처음에는 할복을 각오하고 있던 산쥬로오의 태도도 달라져 가능하다면 할복은 하고 싶지 않다고 생각하게 되었던 것이다.

이에 대해 8명은 납득을 했다.

"말한 대로라면 문제는 없을 것이다."

그런 다음 8명은 게키에게 가서 사정을 재확인했다. 처음부터 무사의 체면싸움에 끼어들고 싶지 않은 게키는 산쥬로오가 말한 대로라고 보증했다.

이윽고 8인은 함께 아시노숙역을 출발해서 시라카와白河숙역으로 향했다. 산쥬로오도 그 뒤를 따라 시라카와숙역으로 출발해 조 책임자인 스기우라 토오하치로오의 도착을 기다리고 있었다.

곧이어 시라카와에 도착한 스기우라에게 사부로오에몬은 아시노숙역에서 작성한 서장을 제출했다. 그는 가능하면 사건을 없던 걸로 하고 싶다고 생각하고 있었다.

그런데 그날 밤 스기우라의 명령으로 산쥬로오는 할복을 했다.

왜 스기우라는 산쥬로오에게 할복을 명령했던 것일까. 그것은 무엇보다도 자기의 책임회피 때문이었다고 생각한다.

스기우라가 시라카와에 도착했을 때에는 상대방인 히라바야시는 떠나고 없었기에 요네자와번과 분쟁이 일어날 염려는 없었으며, 단순히 산쥬로오의 '체면'을 문제 삼으면 될 사안이었다. 그렇다면 어중간하게 산쥬로오를 살려두는 것보다 할복을 하게 하는 것이 상사로서 자신의 체면이 설 것이라고 생각했을 것이다. 자신의 책임을 회피하기 위해서 부하를 냉정하게 희생시킨 것이다.

에도번저에서 일어난 비판

사건을 전해들은 에도번저에서는 산쥬로오에 대한 동정 때문인지, 이상한 비판이 떠돌게 되었다. 산쥬로오에 뒤이어 아시노숙역에 도착한 나가사카 사부로오에몬 등 4명의 행위에 대해서 다음과 같은 말들이 속삭여졌다.

> 아시노에서 처음에 산쥬로오를 만나지 않았던 일은 신분에 어울리지 않는 행동
> 이었다고 하더라.

산쥬로오를 직접 만나서 행위의 옳고 그름을 확인하려고 하지 않았던 것은 무사에게 어울리지 않는 행동이라며 문제가 되었던 것이다.

이미 말했듯이, 사부로오에몬이 산쥬로오를 만나지 않았던 것은 만나게 되면 산쥬로오에게 충고를 해서 배를 가르게 하게 될지도 모르기 때문에 그리고 그렇게 되었을 경우에 요네자와번에게도 상응하는 희생 즉, 가노家老인 히라바야시 쿠라노스케의 할복을 요구하지 않을 수 없게 되는 사정이 있었기 때문이다. 그렇게 되면, 사건은 야마가타번과 요네자와번 사이에 큰 분쟁이 일어나게 되는 것이다.

그러나 가신들 사이에서 비판의 소리가 높아지자, 번 당국도 문제로 삼지 않을 수 없게 되었다. 사부로오에몬 등은 번 담당国元 가노家老인 호시나 민부保科民部에게 호출되어 조사를 받게 되었다.

사부로오에몬과 나머지 3명의 공술은 조금 달랐다. 사부로오에몬은 요네자와번과의 분쟁으로 확대되는 것을 염려하여 산쥬로오를 만나지 않았지만, 나머지 3명은 산쥬로오를 만나서 체면을 잃어버렸다면 산쥬로오에게 할복을 하게 한 다음 히라바야시의 책임을 물을 심산이었기 때문이었다.

번 당국은 결단을 내릴 수가 없었다.

사건을 확대시키지 않으려고 한 사부로오에몬의 대응은 본인이 "이번 일의 처리는 나의 생각으로 행한 일로, 처벌을 받든지 포상을 받든지 간에 다른 사람과는 관계가 없습니다"라고 말하고 있듯이, 칭찬받을 수 있는 가능성조차 있는 이성적인 대응이었던 것이다.

그러나 사부로오에몬이 산쥬로오를 만나지도 않고 없던 일처럼 일을 처리한 것을 옳다고 한다면, 이후 동료들이 여행 도중에 무슨 일이 일어났을 때에도 이번처럼 돌보아 주지 않게 될지도 모른다. 그렇게 되어서는, 우지이에 씨가 지적하듯이, 겁쟁이 번사들이라는 평판이 생기게 될 가능성이 있다.

한편, 동료의 불미스러운 일을 확인하지 않았던 것을 잘못된 일이라고 한다면, 사사로운 사건을 중대사건으로 발전시켜버릴 가능성도 높다. 게다가 여기서 즉시 사부로오에몬 등을 처분한다면, 세상의 소문이 되어 야마가타번 내부의 처분만으로는 끝나지 않을지도 모른다. 그렇게 되면 요네자와번 측에서도 어떤 형태로든지 대응을 하지 않으면 안 되게 된다.

그런 일을 피하기 위해서는 어느 한쪽을 처벌한다하더라도 세상의 관심이 식은 다음에 하는 것이 좋다. 이러한 점에서는 가노家老들의 생각도 실은 사부로오에몬과 같았던 것이다.

가노家老들은 쌍방의 공술서에 어긋나는 점이 있으므로 그 점을 문제 삼아 어느 한쪽을 처벌하면 된다고 생각했다. 그러나 보고서를 받은 번주 호시나 마사유키는 명확하게 사실을 조사해서 다시금 보고하도록 명령했다.

헛수고로 끝난 이성적 판단

사부로오에몬을 제외한 3인은 처음에 보고한 공술를 번복해서 자신들의 주장을 중심으로 한 별도의 공술서를 제출하려고 했다.

입장이 위태롭게 된 사부로오에몬은 다른 3인에게 자신이 쓴 공술서를 인정해줄 것을 부탁했다.

이 공술서는 그러그러한 지위에 있는 사람들의 의견을 듣고서 쓴 것이므로 어떻게든 이대로 해주게. 지금까지는 4명이 같은 공술을 하고 있었는데 여기서 공술을 바꾸면 주군께서 어떻게 생각하실지 모르겠네. 어떻게 해서든 할복에 해당되

는 것은 관직과 재산 몰수형改易으로, 몰수형이 되는 것은 이대로 무사하게 있
을 수 있도록 해주기를 바라네.

사사로운 잘못이 할복이라는 중대한 결과를 초래할 수도 있다는 것
을 사부로오에몬이 분명하게 인식하고 있었다는 것을 알 수 있다. 싸
움의 뒤처리가 매끄럽지 못한 것은 할복이나 몰수형을 당할 수 있는 중
대한 과실이었던 것이다.

그러나 다른 3인의 태도는 냉담했다.

아시노에서 산쥬로오를 그날 밤 만나지 않았기 때문에 이와 같은 조사를 받게
되었는데 변명 같은 것은 필요 없다. 어쨌든 아시노에서 있었던 대로 말씀드리
고, 주군의 처분대로 따르려고 생각하고 있다. 어느 분의 생각인지는 모르겠지
만 그 공술서에는 동의할 수 없다.

사부로오에몬은 공술서 작성에 조언을 해 준 사람의 이름까지 거론
하면서 거듭 간청을 했지만 3인은 들어주지를 않았다.

이렇게 해서 사부로오에몬과 3인은 서로 다른 공술서를 제출했다.
어느 쪽의 공술서가 옳은 것인가의 판단은 유보되었지만, 사료에 따
르면, "산쥬로오 포박당하다"라고 쓰인 부분을 사부로오에몬이 "포박
당할뻔 했다"고 고쳐 썼다는 점이 문제가 되었던 것이다.

확실히 포박당하다와 포박당할뻔 했다는 것과는 큰 차이가 있다. 단
지 그 점에서라면 사부로오에몬쪽이 사실을 바르게 진술하고 있는 것
이 되지만 숙역책임자 이외에는 본 사람이 없는 지라 결정적인 것이 되
지 못했다.

이들의 서류를 본 호시나 마사유키의 판단은 가혹한 것이었다. 사부로오에몬은 할복, 오오누키 시로오에몬은 추방, 다른 두 명은 몰수형에 각각 처해졌다.

번을 위해서라고 생각한 사부로오에몬의 판단이 역으로 자신의 생명을 빼앗은 결과가 되었다. 무사에게 있어 '신분에 어울리지 않는 행동' 즉, 무사도를 분별치 못한다는 비판은 치명적이었다는 것을 알 수가 있다. 무사에게 있어 이성적인 판단은 때로는 자신의 파멸을 초래할 수 있었던 것이다.

2. 엘리트 번사의 큰 오산

감찰관이 급전놀이를 하다

다음으로 오늘날에도 범죄에 해당하는 사건을 살펴보자. 사건의 발단은 실로 하찮은 것이었지만, 잘못된 일을 무마하려고 하다가 마침내 살인까지 저지르고 마는 엘리트번사의 사건이다.

아이즈번에서 사이고西鄕라고 하면 마지막 가노家老인 사이고 타노모頼母의 이름을 상기한다. 사이고가家는 대대로 아이즈번의 가노家老를 지내온 명가家柄이다. 이 사건의 주인공 사이고 시치베에西鄕七兵衛가 번사들을 감찰하는 요직인 요코메직을 수행하고 있었던 점을 보면 가노家老의 일족과 연관이 있는 자라고 생각된다.

시치베에는 원래 유복한 자였다. 어느 시대에도 부자들은 넘쳐나는 돈을 더욱 늘리려고 하는 습성이 있는데, 시치베에도 재산을 늘리려고 수중의 돈을 딸의 유모의 돈인 것처럼 해서 대출하고 있었다.

그런데 1661년도 저물 무렵 시치베에는 군郡 부교오인 사토오 타케베에佐藤武兵衛 휘하의 도오싱 소책임자 하시모토 스케에몬橋本助右衛門에게 도오싱 6명의 연명으로 3냥을 빌려줬다.

요코메는 번사들의 소행을 감찰하는 직책이다. 그러한 요코메가 금전 대출업을 하고 있었으니 매우 부적절한 행동이라고 할 수 있다. 물론 본인이 직접 할 수는 없으니까 딸의 유모를 표면상 내세워 돈을 대출 한 것으로 하고 있었다.

돈을 빌린 스케에몬의 상사는 군부교오이다. 군부교오라는 것은 번의 직할지를 지배하는 관리로, 마치부교오 다음으로 중요한 요직이다. 단 아이즈번과 같은 큰 번은 지역마다 수 명의 군부교오가 설치되어 있었다.

부교오로는 번의 중급가신이 임명되고 번으로부터는 부하로서 하급가신인 도오싱을 배치했다. 그것이 위탁 도오싱이며, 그 중에서 소책임자가 선임되었다.

도오싱 소책임자인 스케에몬은 봉록미切米를 수령하는 하급가신이었다. 생계가 어려워 3냥의 원금을 변제하지 못해 이자만을 지불하고 있었다.

1665년에 되어도 원금과 이자를 변제할 수 없어 자주 독촉을 받고 있었다. 그러던 중 이해 12월에 스케에몬은 힘들게 원금의 1/12(1分2朱, 一両＝四分＝十六朱)에 해당되는 돈을 준비하여 전주인 유모에게 변제가 지연된 것을 사과했다.

그러나 사이고 시치베에로부터 사전에 지시를 받고 있었던 유모는 강경하게 원금과 이자를 갚도록 요구하면서 스케에몬이 가지고 간 돈을 수령하려고 하지 않았다.

그 후 다시금 심하게 재촉을 하자, 스케에몬은 12월 29일이 되어서 거우 1부(1分)의 돈을 가지고 왔다. 수차례에 걸쳐 돈을 변제하라고 재촉하러 간 시치베에의 하인(와카토오若薰) 야고시치弥五七는 시치베에저택의 나가야長屋[16]로 찾아온 스케에몬에게 심하게 험담을 했다.

"처음에 들고 온 1부2슈도 생각한 것보다는 훨씬 모자랐는데, 1부밖에 가지고 오지 않아서야 도무지 납득이 안 된다!"

서로가 큰소리로 언쟁을 벌이고 있는 것을 들은 시치베에는 유모에게 분부했다.

"그대가 나가야로 가서 재촉을 해라. 그래도 변제하지 않으면 원금과 이자를 내년 봄에 갚겠다는 증명서를 새로 작성하게 해라. 그것도 받아들이지 않으면 돈을 포기하고 상사인 타케베에에게 지금까지의 괘씸한 행동을 알리도록 해라."

돈을 갚지 못해 자살미수

유모가 스케에몬에게 증명서를 새로 작성할 것을 요구하자, 스케에몬은 도오싱 동료들의 서명날인連判까지 다시 한 번 더 새로 받아야 한다는데 난색을 표시했다.

그러자 유모는 시치베에로부터 명령받은 대로 타케베에님에게 보고를 하겠다고 말하자, 만사가 끝났다고 체념했는지 갑자기 상의를 벗고 와키자시를 배에 갖다 대었다.

곁에 있던 시치베에의 하인 쇼오키치庄吉는 서둘러 뒤에서 붙잡아서 중지시키고, 상처를 입으면서도 큰소리로 알렸다.

"스케에몬이 자결을 하였다!"

---

16) 한 동의 건물을 나누어서 몇 세대가 살 수 있도록 만든 좁고도 긴 집.

야고시치를 비롯한 하인들이 모여들어서 스케에몬으로부터 와키자시를 빼앗고, 그 외에 나가야에 있던 대·소 칼을 모두 수거해서 부엌에 갔다 놓은 다음, 스케에몬의 상처를 조사했더니 사타구니 부분에 상처가 있었다.

이를 보고하자 시치베에는 "자결하게 해서는 안 되는 자이다"라며, 가신인 요고로오与五郎와 모치사에몬茂左衛門를 감시자로 부쳤다.

그런데 대·소 칼을 수거했을 때, 하필이면 요고로오가 와키자시를 떨어뜨렸는데, 스케에몬은 그 와키자시를 주워 사방등行燈을 내리쳐서 불을 꺼버렸다.

또 다시 자결을 하는 줄로 안 하인들은 두려워서 부엌으로 도망치고 사태를 보고했다.

이윽고 야고시치가 나가야로 돌아와서 문을 열고 안으로 들어갔을 때에는 스케에몬은 아직 자결을 하지 않고 숨어 있었다.

할복인 것처럼 꾸며 살해하다

"어차피 살려둬서는 훗날까지 골치 아플 것이다."

야고시치는 시치베에를 설득했다. 확실히 이대로 두면 상사인 타케베에로부터 조회가 올 것이며, 또한 스케에몬이 이쪽으로 돌격해올지도 모르는 상황이어서 시치베에도 죽여 버리는 것이 낫겠다고 결심했다.

그러자 야고시치는 나가야의 밖에서 찌를 수 있도록 스케에몬이 가지고 있었던 와키자시를 봉 끝에 묶은 다음 등불을 밝혀 주종 두 사람이 나가야로 향했다. 나가야에 도착해서 스케에몬에게 낡은 대나무짚신을 던졌는데 원래 외눈이었던 스케에몬의 보이는 눈 쪽에 맞아 스케에몬은 원한에 찬 목소리로 저주를 했다.

"야고시치, 잘 한다. 두고 보자!."

거기에 두 사람이 달려들어 봉 끝에 묶은 와키자시로 몇 번이나 스케에몬을 찔러 살해했다. 그런 다음 자결한 것으로 보이게 하기 위해 스케에몬의 오른손에 요고로오의 와키자시를 쥐인 다음, 왼 손으로 칼끝을 누르는 형태로 한 다음 앞쪽으로 쓰러뜨렸다. 스케에몬의 와키자시는 창밖에 버려뒀다.

번사의 변사는 번의 감찰관이 검시를 하게 되어 있다. 시치베에는 동료 감찰관인 쿠루마 지로오베에車次郎兵衛를 자택으로 초대해 다음과 같이 설명을 했다.

"사토오 타케베에의 도오싱 소책임자 하시모토 스케에몬이 나의 나가야에 와서 빌린 돈 문제로 자결하겠다고 말하기에 와키자시를 압수한 뒤, 하인(츄우겐中間) 두 명을 시켜 감시하게 했는데, 신발담당 하인의 와키자시를 빼앗아 휘둘러 대었기 때문에 나가야 안에 가두어 뒀다. 우리 쪽에서 체포를 해도 무방하지만 타케베에가 걱정할 것으로 생각해, 사람을 시켜서 체포하게 했는 바, 타케베에에게 이 건에 대해 미리 양해를 구해주기 바라네."

쿠루마는 즉시 이 사실을 타케베에에게 알렸다. 타카베에는 동료인 이구치 야고베에井口弥五兵衛와 사사누마 요에몬笹沼与右衛門에게 알리고, 이구치와 사사누마가 시치베에저택으로 급행했다. 타케베에도 처음에는 동행할 작정이었지만 직속상관이 함께 있는 것은 뒷날 문제가 될 가능성도 있고 해서 이구치집에 머물렀다.

의심쩍은 시체

시치베에는 쿠루마 외에도 동료인 히구치 칸사부로오樋口勘三郎도 불러놓고 있었다. 쿠루마·히구치 양 감찰관과 이구치·사사누마 군부교오 등 4명이 나가야 안으로 들어가 스케에몬의 시체를 조사하였던 바, 미심쩍은 점을 몇 개 발견했다.

스케에몬에게는 상처가 17군데 있었는데, 모두가 찔린 상처로 그 중에는 의복만 찌른 곳도 있었다. 자결할 경우에는 상의를 벗고 배를 가르는 법이므로, 상·하의의 바깥에서 찔린 것은 수상쩍었다. 게다가 자결한 자는 상처 부분(傷口)이 보이지 않을 정도로 피가 나오는 법인데 스케에몬의 경우는 그다지 피가 나오지 않은 상처가 4군데나 있었다.

또한 스케에몬이 소지하고 있었던 와키자시는 2척1-2촌(63-66 센티미터)정도나 되는데, 이처럼 긴 와키자시로 자결할 때에는 거꾸로 잡는 법인데, 그렇지가 않았다. 죽은 뒤 시체가 굳어지기 때문에 자결한 자로부터 와키자시를 분리시키는 것은 용이하지 않았을 터인데 쉽게 손에서 떨어져 있는 것도 수상쩍은 점이었다.

이 때문에 4명은 증거품으로서 스케에몬이 가지고 있던 요고로오의 와키자시를 압수하고, 시치베에의 하인들로부터 공술서를 받아서 번 당국에 보고를 했다.

시치베에 측에서도 "스케에몬이 자결한 것은 그가 동료의 도장을 위조해서 사용해, 그 죄가 폭로되는 것을 두려워한 것은 아닐까"라고 하는 주장을 했는데, 이는 스케에몬이 증명서의 재작성을 요구받아서 자결을 하게 되었다는 상상을 할 것이라는 점에서였다. 어쨌든 시치베에는 어떻게 해서라도 동료가 스케에몬의 자결이라는 결론으로 사건을 무마해줄 것을 바라고 있었을 터이다.

형식적인 조사

그러나 아무리 시치베에가 동료라고 해도 다른 감찰관이 그를 지켜주리라고는 장담을 못했다. 검시를 하는 것은 감찰관의 직무이기에 잘못 감싸면 당사자가 문책당할 수도 있기 때문이다. 번사의 변사사건이므로 번에 있는 가노家老에 의한 심문이 있고, 추방이나 할복 등의 중대한 처벌에는 번주의 결단이 필요했다.

가노家老들은 우선 타케베에에게 스케에몬의 빚에 대해 사정을 물었다. 그러자 타케베에는 처음 돈을 빌릴 때에는 분명히 스케에몬의 동료 6명의 승낙을 얻어 서명날인이 이루어졌다고 공술했다.

또한 현장을 본 스케에몬의 동료 도오싱들은 "시체의 상태가 미심쩍으며, 시치베에의 하인 중에도 상처를 입은 자도 있는 모양이니 시치베에님은 모르고 있을지도 모르니 조사해 주십시요"라고 주장을 했다. 동료가 원통하게 죽은 것이 납득이 되지 않았을 것이다.

그래서 야고시치가 사법담당부교오公事奉行의 심문을 받게 되었다. 시치베에는 야고시치를 비롯해 부하나 하인들에게도 사정을 미리말해 뒀다. 야고시치는 "비록 목이 썰어지는 형벌을 받더라도 재판장에서는 절대로 사실을 말하지 않겠습니다"라고 시치베에에게 맹세를 했다. '스리쿠비'라는 것은 죄인의 목을 잘 들지 않는 칼로 썰듯이 베는 것을 말한다. 다음의 말은 이 말을 들은 시치베에의 대답이다.

네가 혼들리지 않고 강하지 않으면 나는 끝장이다. 그처럼 각오를 하고 있다고
하니 안도가 된다.

스케에몬이 자결을 꾀한 시점에 쿠루마 지로오베에에게 알려졌더라면 이처럼 큰일로 번지지는 않았을 것이다. 스케에몬의 자살미수만이라면 무마되었을 것이다. 그러나 그것을 숨기기 위해 두 사람이 공모를 해서 스케에몬을 찔러 죽이고, 번 당국에 허위의 주장을 한 지금에서는 사실이 드러나면 파멸이었던 것이다. 시치베에로서는 제정신이 아니었다.

야고시치를 비롯해 시치베에의 부하나 하인들은 입을 맞춘 '사실' 이외에는 아무것도 말하지 않았다.

번 당국은 1666년 정월 23일, 그들의 공술을 장부에 기록을 해서 에도에 보고를 했다. 무사안일주의에 빠져 있던 가노家老들은 그것으로 충분했던 것이다.

그러나 에도로부터는 "다시 면밀히 조사를 하도록. 시치베에는 우선 가택연금閉門을 시키고, 죄가 시치베에에게 있다면 총책임자(모노가시라物頭)인 사카 소오고로오坂惣五郞나 요시카와 큐베에吉川九兵衛에게 위탁시켜 두도록"이라는 지시가 왔다. 번주가 사건을 수상하게 여긴 것이다.

시치베에의 운명은 바람 앞의 등불처럼 되었다.

본격적인 수사가 시작되다

2월 28일, 사법담당부교오 야나세 미사에몬梁瀨三左衛門 외 한 명, 거기에 감찰관 히구치 칸사부로오가 추가되어 본격적인 조사가 시작되었다.

시치베에는 감찰관직을 맡고 있는 무사이기에 우선은 가택연금을 명령받았을 뿐으로 거친 조사는 받지 않았다. 이는 신분이 있는 무사의 특권이다.

그러나 시치베에의 하인들은 모두가 투옥되어, '노수목마騰水木馬' 등의 고문을 받았다. '노수騰水'는 다리의 종아리 정도 오는 물에 몸을 담그는 고문이었던 모양이다. 목마는 각재의 윗 부분을 삼각으로 한 목마에 태우는 고문이다. 야고시치들은 이러한 가혹한 고문에 소리를 지르며 모든 것을 실토하고 말았다.

그 결과 스케에몬 살해혐의를 받은 시치베에는 번주의 명령대로 요시카와 큐베에에게 위탁되었다. 그러나 집무실로 호출되어 가노家老들로부터 심문을 받은 시치베에는 자신의 주장을 굽히지 않았다.

"하인들은 고문을 못 이겨 거짓 자백을 한 것일 겁니다."

그러자 사법담당부교오는 감찰관인 히구치에게 하인들의 자백 중에 시치베에에 관한 17개조의 항목을 적은 서류를 넘겨줬다. 그에 대해 시치베에는 '해명서' 한 통과 '스케에몬에게 빌려 준 돈에 관해 앞서의 진술과는 다른 이유서' 한 통을 작성하여 제출했다. 각각의 조항에 대해 전부 반론을 한 것이다.

더욱이 시치베에는 야고시치 · 모치사에몬 · 쇼오키치 등을 다시금 조사 한 다음 자신과 대질하게 해달라고 주장했다. '대질'이라는 것은 부교오 면전에서 서로 자신의 하고자 하는 말을 주장하는 것을 말한다. 시치베에는 어디까지나 자신이 죄가 없다는 것을 주장하면서 주인의 권위로서 부하나 하인들을 입 다물게 하려고 했던 것이다.

그러나 사법담당부교오 등은 시치베에가 제출한 서류가 하인들이 자백한 내용을 서로 꿰어 맞춘 다음 사실로서 만든 것으로 대질을 명령할 수 없다고 각하했다.

이러한 보고를 받은 번주는 한 번 더 상세한 사정을 청취하고 싶으니 사법담당부교오 중 한 명과 히구치를 에도로 올라오도록 명령하고,

다시 가노家老들의 의견서를 봉인해서 제출하도록 명령했다. 가노家老
들에게 각각의 판단을 기록해서 사인花押을 한 다음, 엄중하게 봉해서
제출하도록 한 것이다.

또한 번주는 시치베에가 입고 있었던 흰 속옷襦袢의 끝자락에 동전
크기의 피가 두 군데 묻어 있어, 새해가 시작되어 사용인 아기라는 여
자가 그것을 세탁했다고 하는 야고시치의 자백을 확인하도록 명령했
다. 더 나아가 스케에몬의 와키자시를 삼나무 봉 끝에 묶어 살해했다
고 하는데 그 나무 봉은 확인했는지 등의 의문을 제기했다.

당연히 가노家老들도 그러한 점에는 눈치를 채고 있었지만, 아키는
그 때에는 시치베에의 처가 되어 있었다. 가노家老들은 무사의 처를 집
무소로 불러내서 심문하는 것은 문제라고 생각하는 자도 있을 지도 모
르며, 심문해봤자 정직하게는 자백하지 않으리라고 판단한 것을 번주
에게 상주했다.

번주는 이번의 조사에서 얻은 것만이 결정적인 단서인 것도 아니라
며 그것을 양해했다.

시치베에의 속옷에는 확실히 약간의 얼룩이 있었지만 특별히 수상하
다고는 여겨지지 않았다. 그것에 대해 야고시치는 고문을 견딜 수 없어
거짓 고백을 했다고 전의 공술을 번복했다. 또 삼나무 봉에는 칼 자국
등은 없었다.

이처럼 차츰 증거 상으로는 시치베에에게 유리한 쪽으로 기울게 되
었다. 이러한 배경에는 시치베에를 구원하려는 가노家老나 사법담당부
교오들의 온정이 작용했는지도 모른다.

겨우 석 냥 때문에 할복

조사의 결과를 문서로 작성하고, 거기에 가노家老들의 의견서를 첨부해서 사법담당부교오 이이다 큐우베에飯田九兵衛와 감찰관 히구치 칸사부로오가 에도로 올라가게 되었다.

이들의 에도행은 번주에게 좋지 않은 일이 생겨 잠시 연기되었다가, 5월9일에 아이즈를 출발하여 사정을 상세하게 보고했다. 그리고 번주로부터는 의외로 다음과 같은 판단이 내려졌다.

> 시치베에의 행동은 처음부터 끝까지 괘심하기 짝이 없으며, 어떻게 타이를 필요
> 조차 없으므로 할복을 명령한다. 야고시치는 스케에몬을 살해한 것이 틀림없다
> 고 생각된다. 참수를 하되 효수는 하지 않아도 된다. 나머지 자들은 죄가 없다.

시치베에에게는 할복, 야고시치에게는 참수형이 내려진 것이다. 지위가 있으며, 유복하기도 하면서 겨우 석 냥의 돈의 변제 때문에 파멸하게 된 것이다.

이 사건의 배후에는 감찰관직을 수행하는 무사에게 있어 사소한 잘못도 치명적이 된다는 사정이 있었다고 생각된다. 시치베에가 스케에몬을 살해하려고 한 것은 스케에몬의 자해미수사건이 세상에 알려졌을 때, 자신의 과실을 추궁당할까 하는 두려움이 있었을 것이다.

번 당국 모르게 내밀히 돈놀이를 하고 있었던 점 그리고 그것이 문제가 되어 돈을 빌린 상대가 자해를 시도했다는 점은 번 내에서의 시치베에의 입장을 위태롭게 하는 것임에는 틀림이 없었다. 그것을 막으려면, 자결한 것으로 해서 스케에몬의 입을 봉할 수밖에 없다. 그러나 그것은 너무나도 단락적이고 천박한 생각이었다.

그건 그렇다치고 가노家老들의 미온적인 태도는 흥미롭다. 이는 시

치베에가 가격家格이 높은 무사였다는 것은 물론이지만, 무사도에 관련되는 일이라면 몰라도 이와 같은 일로서 엘리트 번사를 파멸시키고 싶지 않다는 생각이 있었기 때문이었을 것이다.

그러나 번주는 자신의 몸을 지키기 위해서 사람을 살해하고, 게다가 거짓말을 거듭하는 가신을 살려둘 수가 없었다.

번사의 처벌은 번주의 생각에 따라 결정되어진다. 괘씸하기 짝이 없다고 생각하면 확실한 증거도 필요 없으며, '옳고 그름을 타이를 필요'조차 없었던 것이다.

어쨌든 사소한 실수를 감추려고 한 나머지, 되돌릴 수 없는 죄를 범한 것이 이 사이고 시치베에의 사건이었다.

3. 초닌에게 편의를 봐줘서 할복

에도임에도 오사카 시세로 지불하다

아이즈는 초의 원료가 되는 납蠟의 산지이다. 부근의 산에는 납의 원료인 황로黃櫨가 많이 자생하고 있다. 18C 후반 요네자와번의 우에스기 요오잔上杉鷹山이 납의 전매로 번 재정을 호전시키려고 노력한 일은 유명한데, 에도시대 전기에도 납의 생산은 활발했다.

1678년 9월 23일, 납 판매에 관여를 하고 있던 아이즈번의 회계담당 책임자가, '초닌에게 편의를 봐 줬'는 죄목으로 할복에 처해진 사건이 일어났다.

아이즈번 회계담당책임자인 다카츠 마고사에몬高津孫左衛門은 아이즈 납의 판매를 함에 있어 그 물품을 취급하던 에도의 초닌 반다이야 쵸사에몬萬代屋長左衛門에게 오사카 시세의 가격을 제시했다. 오사카 상인에게 판매를 할 때에는 운송비분을 포함한 납이 전달되었다. 그 때문에 짐 한 개당 금3부金3分 정도 싼 가격으로 넘겨졌다.

자신의 권한을 과신한 오만함에서였는지, 아니면 그만 실수를 한 것인지는 분명치 않다. 사극이라면 이러한 편의를 봐주는 대가로 금화小判가 든 과자상자가 마고사에몬에게 선물로 보내졌겠지만 사료에 그러한 기술은 없다.

쵸사에몬은 납 도매를 하는 에치젠야 한쥬로오越前屋半十郎에게 이 일을 하청 주었다. 한쥬로오는 오사카 시가로 한다는 약속 증명서를 교환하고 납 하물 500개를 수령하는 약속으로 대금 2000냥을 지불했다.

그러나 번 직판의 납에는 '정해진 가격'이 있었으며, 오사카 시가로 판매하는 것은 특례였다. 다른 상인에게 판매할 시에는 정해진 가격을 엄수해야 할 필요가 있었다. 난처해진 마고사에몬은 오사카 시가로 판매하기 위해 계책을 꾸몄다. 그러나 그것이 "자신의 잘못을 은폐하고 표면상으로 무사한 것처럼 꾸몄다"고 받아들여져 자신의 무덤을 파는 꼴이 되었다.

고소당해 절체절명

마고사에몬은 나중에 오사카 시가로 가격을 쳐 준다고 하고서는 우선 정해진 가격으로 납을 매입해줄 것을 쵸사에몬에게 요청을 했다.

그리고 오사카 시가로 쳐 주시기를 바란다고 쓴 소장의 초안을 두 통 작성해서, 이 소장을 제출하면 즉시 오사카 시가로 받을 수 있다고 말했다.

쵸사에몬은 그 말을 믿고 그 초안을 정서해서 마고사에몬에게 제출했지만 아무리 기다려도 대금의 차액을 지불해주지 않았다.

대금을 지불한 한쥬로오로부터 독촉도 있어 쵸사에몬은 하는 수없이 감찰관에게 납 대금 2000냥의 결제가 지체되고 있다고 호소했다.

아이즈번의 사법담당부교오쇼는 이 사건을 중요시하고 마고사에몬을 추궁했다. 마고사에몬은 소장의 초안을 건네 준 사실은 고백하지 않았지만 변명이 일관되지 않았기 때문에 책임자(모노가시라物頭)인 미츠이 쥬우타유우三井十太夫에게 위탁되어 다시금 조사를 받게 되었다. 궁지에 빠진 마고사에몬은 마침내 초안을 건네 준 사실을 실토하고 다음과 같은 맹세문起請文을 제출했다.

> 쵸사에몬에게 초안을 건네 준 것은 주군을 위한 일을 소홀히 생각했기 때문에 그렇게 한 것은 결코 아니며, 결국은 자신이 사려가 부족해서 일어난 일이므로 주군의 의심을 받아도 어쩔 수가 없습니다. 정말로 천명이 다한 모양인 듯합니다. 자신을 원망할 뿐입니다.

이는 마고사에몬의 진심이었다고 생각된다. 오사카 시가로 매각하겠다고 이야기를 꺼낸 마고사에몬의 동기는 완전히 알 수는 없지만, "자신이 사려가 부족해서"라고 말하고 있는 점에서 볼 때, 부정을 저지르려고 했다기보다는 관청 내부의 규칙이나 절차를 완전히 숙지하고 있지 못한 데서 일어난 실수인 듯하다.

번주의 판단이 최종적인 판결이 된다. 마고사에몬은 사법담당부교오의 혹독한 조사에 절망하면서도 앞서의 맹세문을 제출하고 번주의 자비를 구하려고 했던 것이다.

초닌을 위해 편의를 봐주는 것은 불충불의이다

그러나 사법담당부교오의 판단은 엄격했다. 그들은 마고사에몬의 행위가 할복에 상당한다고 번주에게 상신한 것이다.

다음은 사법담당부교오의 상신을 받은 번주의 판단이다.

> 번 재정의 손익을 담당하는 관리이면서, 초닌을 위해 활동하고, 번소을 가볍게 여기며 번주인 자신을 기만하려고 한 것은 불충불의한 짓으로 괘심하도다.

오로지 번과 번주만을 위하여 근무해야 하는 관리가 초닌에게 편의를 봐주고, 결과적으로 번에 손해를 끼치고 번주를 기만하려고 한 것은, '불충불의한 짓'이며, '괘심'한 행위였다. 그리고 그러한 불충불의한 가신에 대한 처벌은 할복 이외에는 없었던 것이다.

마고사에몬은 위탁처인 미츠이 쥬우타유 저택에서 할복하게 되었다. 검시를 하기 위해 파견된 자들은 감찰관인 시미즈 소노에몬清水園右衛門과 나카무라 칸사에몬中村勘左衛, 경비를 위해서 총괄자인 후지사와 쿠로에몬藤沢九郎右衛門 · 사가와 요시에몬佐川好右衛門이 쥬우타유우 집에 대기했다.

배를 가르는 마고에몬은 사려가 부족한 자신의 행동을 후회했겠지만, 어쩔 수 없는 일이었다. 오늘날의 관점에서 본다면 너무나도 가혹한 이 처벌에 놀라겠지만, 번주를 기만하려고 한 행위는 사안의 경중을 불문하고 엄벌에 처해지게 되는 것이다.

마고사에몬은 적발된 뒤에는 사태의 중대사를 십분 인식하게 되었다. 위탁처에서 엄한 조사를 받으면서 이미 천명이 다 했다는 것을 예감하고 절망했던 것이다. 무사는 이 정도의 일로도 할복을 하게 될 가능성이 충분히 있었으며, 마고사에몬도 조사 중에 이를 깨달았던 것이다. 이러한 사회였으므로 무사의 부정은 있었다고 해도 극히 드물었던 것이다.

염색집을 위한다고 한 친절한 행동

1698년, 아이즈번은 검약령을 발포했다. 값비싼 염색의복의 착용을 금지한 것이다. 이는 염색을 한 염색집도 주문을 한 자도 벌금을 지불하도록 명령한 것이었다.

대감찰관大目付 아리가 코이치로오有賀小市郞는 검약령을 독려하는 책임자로서 지배하에 있는 야간 순찰조에게 염색집을 조사시켰다. 그런데 남색·꽃 색·옅은 황색 등의 색깔을 천의 안과 바깥을 전부 염색한 천이나, 밑바탕 염색 색깔과는 별도의 색을 염색한 다음 무늬를 불규칙적으로 염색하거나 문양을 넣기도 한 천과 같은 값비싼 천 외에도, 바탕색이 담황색에 흰색이나 남색의 무늬를 불규칙적으로 염색한 옷감도 있었는데, 이런 것들이 검약령에 저촉되는지가 문제로 되었다.

야간 순찰조원들은 시내町方의 염색집에서 그러한 염색 천 3필을 압수해서 에도로 보내 조회를 했다. 그 결과는 3필 모두가 '값이 싼 옷감(지이로도리地色取り)'[17]이라고 판명되었다. 그래서 이러한 종류의 옷감은 검약령의 대상에서 제외되게 되었는데, 아이즈번에서는 이러한 값싼 옷감을 고급 옷감이라고 부르는 염색집이 있어 문제가 발생했다.

대로변의 샛길에서 염색집을 운영하는 쇼오지로오庄次郞는 자기 가게의 옷감은 검약령의 대상에서 제외된 '싼 옷감'이므로, 이런 식으로 염색

---

17) 지이로도리地色取り는 바탕색을 염색한 천을 남색으로 염색해서 불규칙적인 무늬를 남기는 값싼 옷감을 말한다.

하는 것을 허가해주도록 청원서를 제출했다.

쇼오지로오는 대감찰관인 아리가 코이치로오집에 출입하는 업자였다. 그는 코이치로오를 방문했을 때에 청원서에 대해 이야기를 했다. 그때 코이치로오는 청원서의 초안을 보고 말했다.

"자네 집에서는 취급하는 염색 천을 소메이리(고급 옷감)라고 장부에 기재하고 있다. 그런데도 청원서에는 지이로도리(싼 옷감)라고 기재되어 있으니, 나중에 장부 제출을 명령받았을 때에는 옷감의 이름이 일치하지 않으므로 위법으로 판단될 우려가 있다. 약간 수정을 해서 청원을 한다면 심사를 한 다음 허가를 받을 수 있을 것이다."

그래서 쇼오지로오는 제출한 청원서의 문장을 "금지하고 있는 소메이리는 아니고"라고 고친 다음 재차 청원서를 제출했다. 다시 말하면, 자신의 가게에서 취급하는 '소메이리'는 사실은 '지이로도리'로서 번에서 금지하고 있는 염색 천은 아니다고 한 것이다.

조언을 한 것이 할복에 해당하는 죄

그러나 이것이 사법담당부교오 츠다 교오부사에몬津田刑部左衛門 등의 의심을 받게 되었다. 쇼오지로오의 청원서 수정에 코지로오가 관여하고 있는 것이 아닌가하는 의심이었다. 전술한 회계담당책임자 다카츠마고사에몬은 상인에게 편의를 봐 주려고 한 것만으로, '초닌에게 호의적'이다고 해서 할복을 당하게 되었다. 초닌에게 내밀하게 조언을 하는 것은 드문 일은 아니었지만, 조금만 잘못하면 초닌과 결탁하여 부정을 저지르는 무사라고 오해를 살 가능성이 있었다.

츠다는 대감찰관인 아리가 코이치로오가 쇼오지로오의 '진실하지 못한 주장'을 받아들여 서면을 고치도록 조언을 한 것을, '계책을 꾸미는 등 직분에 어울리지 않는 사사로운 행위'라고 생각한 것이다.

츠다는 코이치로오를 총책임자 하타 젠에몬畑善右衛門에게 위탁시키고, 3월 5일부터 본격적인 심문에 들어갔지만, 코이치로오는 전혀 기억에 없는 일이라며 버텼다.

그러나 코이치로오는 너무나도 심하게 시시콜콜하게 심문을 하는데 질렸는지 심문실에서 양팔을 가슴팍에 집어넣고 심문에 대답을 하는 식의 반항적인 태도로 나왔다.

이러한 태도가 더욱 더 츠다 등을 화나게 해, 초닌과 내통을 했다는 등의 합계 12개조나 되는 비판이 제출되기에 이르렀다. 12개조의 비판을 총 점검한 츠다 등의 사법담당부교오의 판단은 다음과 같은 것이었다.

> 사악하고 불경한 처사로, 그 죄는 무사된 자의 행동으로서 괘씸하기 짝이 없는 것이므로 할복을 명령함에 상당한다.

초닌에게 조언을 한 것이 할복에 상당한다는 것이다. 이 상태로 가면 코이치로오도 마고에몬과 마찬가지로 할복을 당하게 될지도 모른다. 그러나 코이치로오에게 구원의 손길이 다가왔다. 가노家老인 사이고 타노모西郷頼母가 그였다.

지극히 타당한 사이고 타노모의 주장
타노모의 의견은 대략 다음과 같았다.

> 코이치로오가 이전부터 출입을 하고 있던 염색업자 쇼오지로오에게 조언을 한 것도 있어서, 사법담당부교오는 염색업자와 내통을 했다는 죄로 단정

지었다. 주군에 대해 불충한 점이 있거나 뒤가 구린 내용을 상담한 것도 아니고, 처음부터 쇼오지로오가 잘못을 범하지 않도록 조언을 한 것은 문제 삼을 필요가 없다. 감찰관역의 관리들은 모든 일을 탐문하고 조사하는 것이 임무로, 관련자들을 내밀하게 찾아가 내용을 듣고 확인하는 일은 종종 있는 일이다. 특히 이번에 검약령을 위해 관리들을 임명하고 그 조사역을 맡은 관리들은 휘하의 부하들을 야간 순찰시켜서 벌금형에 해당하는 건에 대해서는 조사를 한 것인데, 죄질이 나쁜 사안에 대해서는 문제를 이것저것 폭로해서 큰 죄를 지은 것처럼 단죄를 하는 모양인데, 원래 백성을 위해 명령한 검약은 자비를 위한 것이었는데 그것이 오히려 중요한 관리를 죄인으로 만드는 큰 해악을 낳으니, 다른 번으로부터의 평판이나 번주를 위해서도 그러한 조치가 어떠할까 생각된다.

그리고 타노모는 이와 같은 경미한 과실을 중대시하여 가노家老들에게 보고한다면, 자신도 자신의 견해를 번주에게 상주하지 않을 수 없다며, 사법담당부교오들을 견제했다.

번 당국은 사법담당부교오의 심문에 입회했던 감찰관들을 등성하게 한 다음, 그들의 의견을 청취했다. 감찰관 중에는 사법담당부교오의 의견에 동의하는 자도 있었지만 전술한 것과 같은 가혹한 처벌은 사법담당부교오가 개인적 원한 때문에 혹독한 조사를 한 결과라며 당사자인 코이치로오의 죄는 가벼우나 사법담당부교오의 죄가 무겁다고 주장하는 자도 있었다.

후자의 의견에 의하면, 사법담당부교오의 행위가 오히려 위법적이어서 파면에 해당한다고 주장했다.

그러나 그렇게 했을 경우, 사법담당부교오는 더욱 더 불쾌하게 여겨 동료들과 상의한 다음 무언가를 획책할지도 모르는 일이다. 또한 사법담당부교오의 형제나 부모 중에는 번주 측근도 다수 있어 혼란을 초래할지도 모른다.

결국, 번 당국은 사법담당부교오 등의 죄는 불문에 부치기로 하고 처음에 분명하게 해명을 하지 않았던 코이치로오에 과실이 있다고 판단하여 칩거를 명령하게 되었다.

사법담당부교오 등의 죄를 불문에 부친 것에 대해서 사이고 타노모는 흥미로운 말을 남기고 있다.

> 전원을 가볍게 처벌하는 정도로 용서하면 관련자들은 모두가 자신의 잘못을 반성하고, 번(주)의 자비로운 판결을 감사하게 여겨 앞으로는 조심해서 근무를 하게 될 것이며, 사태는 원만히 해결될 것이다. 단 주군의 정책에 반하는 것과 같은 큰 악행을 저질렀다면 많은 수의 번사들을 잃는 경우가 되더라도 처벌을 명령하겠지만, 매우 가벼운 사건이므로 용서받는 것이 좋다고 생각한다.

츠다 등의 행위는 잘못하면 죄 없는 번의 중요한 관리를 할복하게 할 가능성이 있는 사안이었다. 도저히 '매우 가벼운 사건'이라고는 할 수 없다.

그러나 그것은 그렇다 치고, 문제는 다음 부분이다. '주군의 정책에 반하는 것과 같은 큰 악행'이라면 '많은 수의 번사들을 잃는 경우가 되더라도' 처벌을 명령하지 않으면 안 된다는 것이다. 즉, 번주의 정책에 반하는 사안이라면 많은 수의 번사가 할복을 하게 되더라도 단호하게 처벌을 명령한다고 말하고 있는 것이다.

물론 이 말은 수사적인 표현으로, 이번의 경우에는 많은 수의 번사들을 할복시키려고 한 것은 아니었다. 그러나 그것이 번주의 정책에 반하는 사안이라고 해석되었다고 한다면 엄청난 처벌의 바람이 불게 되었을 것이다. 이는 뒤에 기술하게 되는 사츠마번의 '근사록 탄압사건

近思録崩れ' 등에서 실제로 일어난 일이다.

한편, 코이치로오는 칩거로 끝날 일이었지만, 심문의 처음과 끝부분에서 공술이 바뀐 점이 문책되어 한 단계 위인 폐문閉門[18]에 처해지게 되었다. 염색업자인 쇼오지로오 등은 타노모의 주장대로 출옥하게 되었다.

이 사건은 심문에 임하는 자의 심증이나 생각 여하에 따라서는 판결이 무죄에서 할복까지 크게 왔다갔다 할 가능성이 있다는 점과 또한 사법담당부교오 등을 포함한 번의 상층부에서는 후일의 영향을 고려해서 처벌해야 할 자들도 불문에 부치는 경우가 있었다는 것을 보여주고 있다. 무사의 엄격한 규율이라고 말하면서도 어떤 의미에서는 부조리한 면도 있었던 것이다.

4. 정책을 실패시킨 자는 할복

모두가 인정하는 수재秀才 큐하치로오

오늘날에는 생각할 수도 없는 일이지만, 정책의 실패로 할복을 명령받은 번사도 있었다. 아이즈번의 특별재무장관이라고도 할 수 있는 총괄역元締役인 나가이 큐하치로오長井九八郎가 그이다.

큐하치로오는 나츠메 하치사에몬夏目八左衛門의 차남으로 어머니는 나가이 덴베에長井伝兵衛의 딸이었다. 어머니 쪽의 성을 사용해서 나가이라고 칭하고 있었다. 번사의 차남이었기 때문에 공적인 자리로 나아가려면 학문을 닦아야만 했으며, 그것을 출세의 계기로 삼을 필요가

---

18) 에도시대, 무사·중에게 부과된 형벌의 하나. 문이나 창문을 꼭 닫고 출입을 금했다.

있었다.

다행이 큐하치로오는 학문을 좋아했고 수재라는 평판을 얻게 되었다. 일본과 중국의 서적에 정통하게 되고, 『본조통기本朝通紀』라는 책을 저술해서 번주의 도움을 얻어 출판하게 되어 세상에 이름이 알려지게 되었다고 하니, 그의 실력이 보통이 아닌 것을 알 수가 있다.

1696년 7월, 큐하치로오는 아이즈번의 학교藩校 예산 가운데서 10인 부치扶持[19]를 수령하는 유학자로서 근무하게 되었다. 병학은 이나미 한요오伊南半庸라는 자에게 배워 면허를 취득할 정도로 문무를 겸비한 무사였다.

또한 큐하치로오는 번의 재정정책에도 나름대로의 의견을 가지게 되어, 당시의 번사들의 곤궁한 처지를 보고 종종 의견서를 제출하기도 했다.

1698년에는 이러한 노력이 인정되어 '예비비 저축 대책'을 명령받고, 그 후 총괄 역으로 발탁되기에 이르렀다. 본래 양자로 가지 않으면 부모와 장남의 눈치를 보며 인생을 마쳐야 할 차남(헤야즈미部屋住ス)이면서 자신의 실력만으로 번 내의 요직에 취임하게 되었던 것이다.

큐하치로오, 재정정책을 입안하다

번주에 관련된 비용과 해마다 이어지는 흉년 때문에 1700년 봄에는 아이즈번의 재정은 악화되어 번사나 서민들의 생활은 날로 곤궁해졌다.

그러자 번주인 호시나 마사카타保科正容는 큐하치로오에게 타개책을

---

19) 주군이 가신에게 급여한 봉록. 에도시대에는 1인1일 현미 5합五合을 표준으로 해서 일 년분을 쌀 또는 돈으로 급여했다.

입안하도록 명령했다.

번주로부터 직접 자문을 받게 된 큐하치로오는 의기충천하여 타개책을 생각하고 생각한 끝에 마침내 '후다가네사용에 대한 고찰札金遣い之考'을 입안하여 제출했다. '후다가네札金'란, 냥兩·부分·슈朱 등의 금액이 표시된 번 발행의 지폐(번찰藩札)를 말한다. 최초로 번찰을 발행한 것은, 1661년에 은찰銀札[20]을 발행한 후쿠이번福井藩이라고 전해진다. 번찰은 번 내의 통화부족을 보완하기 위하여 발행되는 것이었으나, 번 재정의 궁핍을 타개하기 위하여 남발되는 일도 있어 인플레이션의 위험성을 내포하고 있었다(作道洋太郎「藩札」).

가노家老들은 큐하치로오의 제안을 심의하여 대체로 그 안을 승인한 뒤, 번주의 재가를 얻은 다음 큐하치로오를 책임자로 하여 번찰札金의 발행을 개시하기로 하였다.

그런데 실제로 11월 15일부터 번찰의 발행을 시작하자 뜻밖의 혼란이 발생했다. 먼저, 금속화폐錢의 가격을 비롯한 여러 가지 물가가 급등하고, 나아가 매석賣惜 등의 행위가 횡행하여 무사도 서민도 생활이 어려워지게 되었다. 그래서 물가의 인하나 매석 등의 금지를 법령으로 제정하였으나 전혀 효과가 나타나질 않았다. 보조화폐로서 전찰錢札[21]을 발행하기도 하고 쌀을 확보하기 위하여 술 제조를 금지하는 등의 명령을 내려도 효과가 없었다. 마침내는 가짜 번찰을 만드는 자도 나타나 이들은 엄벌에 처해졌지만, 사회는 불온한 공기에 휩싸여 있었다.

처음에는 큐하치로오의 정책을 반기던 번사나 초닌·농민들도 생활이 곤궁해짐에 따라 큐하치로오에게 분노를 느끼게 되었다.

---

20) 에도시대, 여러 번에서 발행한 은화대용의 지폐.

21) 에도시대에서 명치 초기에 걸쳐 여러 번에서 발행한 번찰의 일종. 전고錢高로 액면을 표시했다.

번 당국은 그대로 방치할 수가 없어서 다음해 11월 1일, 큐하치로오의 제안을 조사역에게 넘겨서 검토하게 하고 큐하치로오에게는 아시가루足軽[22]를 부쳐서 감시하도록 하였다. 이는 큐하치로오의 도망 등을 고려해서 취해진 조치였다.

너무나도 엄격한 판결

큐하치로오의 제안을 조사하게 되었던 자들은 사법담당부교오에서 마치부교오로 승진해 있던 츠다 교오부사에몬津田刑部左衛門, 총괄역 타케이 젠에몬武井善右衛門, 회계감사역勘定改役 관리 야마모토 헤이조오山本平蔵, 쿠마가이 타미에몬熊谷民右衛門이었다.

그들은 큐하치로오를 다음과 같이 훈계하고 조사에 임했다.

> 총괄 역 및 번찰 사용 건은 그대의 방법이 옳지 않다고 번사와 서민들이 매우 분개하고 있다. 그 때문에 조사를 명령받았으므로, 모든 일에 대해서 있는 그대로 말하도록 하시오. 조사를 한 다음 문제가 없다면 용서를 받게 되겠으니, 자세하게 말하도록 하시오.

이렇게 하여 큐하치로오는 교오부사에몬 등의 조사를 받고, 12월 4일에는 총책임자 하세가와 고로오사에몬長谷川五郎左衛門에게 위탁되게 되었다. 자택근신이 아니고 총책임자에게 위탁되었다고 하는 것은 그냥 끝날 일이 아니라는 것이다. 큐하치로오도 이 시점에서 각오를 하고 있었을 지도 모른다.

조사를 맡았던 자들이 제출한 큐하치로오에 관한 조사보고서는 가

---

22) 발도 가볍게 잘 달리는 병사라는 의미. 에도시대에는 여러 번의 보졸步卒을 가리켰으며, 무사士分와는 구별되었다.

노家老를 거쳐 번주에게 건네졌다. 그 내용은 분명하지 않지만, 아래의 번주의 재가를 보면 그 내용이 큐하치로오에게 현저하게 불리한 내용 이었다는 것을 추측할 수 있다.

> 큐하치로오는 처음부터 (번찰 발행이) 주군을 위하는 일인 동시에, 번사나 영민 들도 매우 윤택할 수 있다고 종종 건의했는데, 오히려 크게 불이익을 가져왔으며, 번사·영민 모두가 매우 고통을 받는 정책이어서 그 죄가 가볍지 않아 매우 괘씸 하게 생각한다. 본래는 참수를 명해야 하겠지만, (죄를 한 등급 사해서) 할복을 명 한다.

큐하치로오는 번찰 발행의 책임을 지고 할복을 명령받은 것이었다. 게다가 그 죄목이 본래라면 참수에 해당한다고 하고 있다. 있는 그대 로 말해서 범죄성이 없으면 용서된다고 했는데 이 판결은 너무나도 가 혹한 판결이 아니겠는가.

이치에 맞지 않아도 결과가 전부

이 정책을 시행함에 있어 큐하치로오에게 부정은 없었다. 단지 창안 한 번찰 발행이라는 정책이 사회에 혼란을 가져 왔다는 것뿐 이었다. 게다가 그 정책도 가노家老들의 심의를 거쳐 번주에게도 보고된 다음에 실시된 것이었다. 그런데도 큐하치로오만이 할복을 하는 것으로 사태 가 종결되어도 되는 것인가.

번찰발행이라는 정책의 최후책임자는 가노家老들이다. 큐하치로오 는 정책을 제안하고 그것이 인정되어 실행에 임했을 뿐이다. 원칙대로 라면 책임을 져야 하는 사람들은 가노家老들이었던 것이다.

그러나 번 당국은 큐하치로오 자신이 발안한 정책이 실패했으므로 책임은 큐하치로오에게 있다는 주장이었다. 일을 시켜보고 실패하면 부하에게 책임을 지게 한다. 오늘날에도 회사에 따라서는 이러한 부조리한 방법이 횡행하고 있는 곳도 있을지 모르겠다.

그리고 정책실패의 책임이 할복이라고 하는 것은 현대적 감각으로는 이해되기 어려운 점이다. 겨우 칩거거나, 아니면 추방 정도가 타당하다고 생각되는데, '오히려 크게 불이익'이 되어 번주에게 죄를 짓게 되었고, '번사·영민 모두가 매우 고통'을 받게 되었다는 현실적인 불이익이 희생양을 필요로 했던 것일까.

그렇다고 하더라도 무사에게 아무런 부정이 없는데도 결과의 책임으로 할복을 명령받았다고 하는 사실을 강조해두고자 한다. 이 경우에는 조사에 임했던 마치부교오인 츠다가 강경하게 엄벌을 주장했다고 생각된다. 범죄성이 없는 경우라도, 아니 범죄성이 없는 경우는 특히 조사에 임하는 자의 생각이나 심증 등으로 피고가 된 자의 운명이 크게 좌우되었던 것이다.

"하라키리"를 세계에 알리게 된 『몽타누스 일본지』

『몽타누스 일본지日本誌』는 네덜란드인 목사 몽타누스가 그리스도교 선교사나 네덜란드인 사절 등이 남긴 방대한 기록을 근거로 작성한 것으로, 초판은 1669년에 암스테르담에서 간행되었다. 그 후, 곧바로 독일어판, 영어판, 프랑스판이 잇달아 출판되어 당시의 유럽에서 가장 널리 읽힌 일본 소개서가 되었다. 단 몽타누스 자신은 일본을 방문한 적이 없어 이 책의 삽화는 어느 나라의 풍속인지 모를 정도로 이상한 것이 실려 있다.

할복에 대해서는 다음과 같이 기록되어 있다.

> 만약 스스로 처형하는 것을 택하면 그들은 복부를 가른다. 그들은 종종 놀랄만한 용기를 가지고 무서운 방법으로 배를 옆으로 가르고 내장이 노출될 때, 즉시 자신을 베도록 머리를 숙여, 보조인 한 사람으로 하여금 목을 치도록 한다. 그들은 이 보조인을 그들에게 대해 최상의 친절심을 가진 사람이라고 여긴다.

유럽인들에게 있어 그리스도교가 금지하는 자해는 죄이다. 게다가 스스로 배를 갈라 자살하는 일본인의 풍습은 놀랄만한 일로서, 이러한 죽음의 방법이 칭찬받는 것이나, 할복자가 카이샤쿠를 하는 자에게 감사하는 일 등은 이해할 수 없는 일이었다. 그러나 몽타누스는 예수회 선교사 가스파 빌레라Gaspar Vilela, 1525(?)~1572년의 서한(1557년 10월 13일자)을 인용하며, 할복에 대해 다음과 같이 거의 정확하게 소개를 하고 있다.

왕이 이 처형을 어떤 사람에게 부과할 때에, 사자使者를 보내어 죽어야 할 날짜를 통고한다. 처벌 받는 사람은 결코 도망가려고 하거나, 또는 도피하려고 하는 일 없다. 그는 국왕의 명령에 따라 자결하는 것이 허용되기를 바라며, 그것이 허락되었을 때는 그는 더 없는 영예를 입었다고 생각한다. 지정한 시간에 다다르면 그는 최상의 예복晴衣을 차려 입고 배를 가른다.

이 기술에 의하면 전국시대 말기에는 이미 할복이 처벌의 하나의 양식으로서 확립되어 있었다는 것을 알 수 있다. 단 이 기술의 다음 부분에는, 만약 할복 이외의 형벌이 부과되었을 때에는 그들은 일족이나 벗들과 함께 저택에 농성을 하면서 저항한다고 서술되어 있다. 이 시기의 할복형은 어디까지나 하나의 선택에 지나지 않았던 것이다.

할복은 죽음의 방법에 명예를 부여하는 대신에 저항을 제거하고자 하는 것으로 그 때문에 많이 사용되기에 이르렀을 것이다.

"하라키리"의 순간. 와다 만키치和田萬吉 역 『몽타누스 일본지日本誌』에서 인용
(동경대학교 사료편찬소장 사진).

4장
집안 내분과 할복

1. 가가번 초오가長家[1]의 집안 내분

초오가의 내분

이제까지 서술해온 사건은 개별적인 번사의 할복이 많았지만, 집안 소동이 일어난 번에서는 많은 할복자를 내었다.

먼저, 가가번의 유력 가신, 초오가長家의 집안소동을 살펴보기로 하자. 초오가는 노토국能登国 카시마한군鹿島半郡 3만3천 석을 영유하는 다이묘급大名並의 명가였다.

초오가의 선조는 가마쿠라鎌倉[2]시대에 지토오地頭[3]로서 노토에 온 고케닌御家人[4]이었다. 그 뒤 노토국 슈고인 하타케야마 씨畠山氏의 가신이

---

1) 초오가長家란 쵸오長라는 가문을 말한다.

2) 가마쿠라鎌倉에 바쿠후幕府를 설치한 무가정권시대의 호칭. 보통 1185년(文治 元年) 미나모토노 요리토모源賴朝가 슈고守護·지토오地頭를 설치했던 때부터, 1333년(元弘 三年) 호오죠 타카토키北条高時가 멸망할 때까지의 약 150년간을 말하는데, 개시기에 대해서는 여러 설이 있다.

3) 가마쿠라막부의 직명. 1185년(文治 元年) 미나모토노 요리토모가 칙허를 얻어 제도화되었다. 전국의 장원荘園·공령公領에 설치되어 토지의 관리, 조세의 징수, 형사사건의 심리, 판결 등의 권한을 가졌는데, 차츰 직권을 초월한 존재가 되어 무로마치시대에는 재지영주화가 진행되었다.

4) 가마쿠라시대, 장군직속의 무사. 장군에게 충성의무를 다하는 대가로, 영지인정所領安堵·새로운 토지의 급여新恩給与 등과 같은 보호를 받았다.

되고, 초오 츠라타츠長連龍 시대에 주가主家가 멸망을 하나 혼자 힘으로 영지를 유지하고, 오다 노부나가織田信長와 기맥을 통하여 카시마한군을 부여받았다.

그 후, 마에다 토시이에前田利家가 노부나가로부터 노토일국을 부여받자, 초오가는 토시이에의 요리키다이묘與力大名가 되었으며, 도요토미豊臣시대에는 그의 가신이 되어 수많은 전공을 올렸다. 마에다가에서도 특별한 대우別格를 받는 유력 가신이었다.

츠라타츠는 1606년, 집안상속을 장남인 요시츠라好連에게 물려주고 불문에 귀의했다. 1611년, 요시츠라가 사망하고 동생인 츠라요리連頼가 집안을 상속했다.

당주가 된 츠라요리는 가나자와金沢저택에서 근무하고 있는 다카다 타쿠미高田内匠라는 자를 중용하여 500석을 지급하여 가노家老로 삼았다. 타쿠미는 영지인 타츠루하마田鶴浜의 가노家老를 역임하고 있던 우라노 마고에몬浦野孫右衛門을 배제하기로 계책을 꾸며 주군에게 모함을 했다. 그 때문에 마고에몬은 1634년에 영지를 몰수改易⁵⁾당하게 된다.

그러자 마고에몬은 에도로 달려가 타인의 도움을 얻어 이요伊予 마츠야마松山번주 마츠다이라 사다유키松平定行를 섬기게 된다. 마고에몬의 자식인 효오고兵庫도 처음에는 코오야산高野山에 은신을 하고 있다가, 아버지와 마찬가지로 사다유키를 섬기게 되었다.

한편, 초오가에서는 다카다 타쿠미가 가정을 농단하고 있었는데, 1614년 9월 2일, 초오가의 가신 가토오 우네메加藤采女가 츠라요리 곁을 떠나면서 타쿠미의 악행과 마고에몬의 충성스런 마음을 알려줬다.

---

5) 에도시대에 무사 이상의 신분에게 부과했던 형벌. 무사의 신분을 박탈하고, 영지·집이나 저택 등을 몰수하는 형. 칩거蟄居보다는 무겁고, 할복보다는 한 단계 가벼운 형벌이었다.

이것에 마음이 움직여진 츠라요리는 마고에몬이 데리고 오는 것을 조건으로 가토오 우네메의 재근무를 요구했다.

사태가 불리하게 되었다는 것을 깨달은 타쿠미는 번주 마에다 토시츠네前田利常의 측근을 통해 계략을 꾸미려고 했지만, 오히려 부정한 수법이 탄로나서 토시츠네에 의해서 추방당하고 말았다.

이렇게 해서 1648년, 이미 사망해 있던 우라노 마고에몬의 아들 효오고가 초오가에 재근무하기로 되었다. 아버지가 사망한 뒤 효오고는 마고에몬이라고 칭하며 이전의 가록 650석에 50석을 가봉하여 700석이 되었다. 그 자식인 효오고에게도 200석이 급여되었다(『이시카와현사石川県史』).

가문의 번영이 모함을 초래하다

초오가에 재근무하게 된 우라노 마고에몬의 위세는 대견할 자가 없게 되었다. 『이시카와현사石川県史』에 의하면 그것은 다음과 같은 정도였다.

> 마고에몬은 옛날의 타쿠미처럼, 자주 전횡을 일삼고, 형제자녀들은 권문세가와 통혼을 하여, 마침내 교만하고 사치스러운 마음이 생겨 동료들과 불화를 일으키기에 이르렀다.

인용문이 어디까지 진실을 전하고 있는지는 의문의 여지가 있지만, 적어도 주인인 츠라요리의 입장에서 본다면 마고에몬을 중심으로 하는 우라노일문浦野一門의 권세는 용서할 수 없는 것이었다.

그래서 츠라요리는 우라노일문을 적발하기 위해서 영지의 측량조사를 실시하려고 했다. 이 계획의 흑막은 마고에몬을 귀환시키려고 한 가토오 우네메의 자식(이름은 아버지와 같은 가토오 우네메)이었다고 한다.

마고에몬 등은 토지의 측량조사가 실시되고 있는 중인 1666년 3월 24일, 휴가를 내어 비밀리에 자신들의 거소屋敷로 일문친척들 23명을 모이게 해 생사를 같이 하기로 맹세했다.

더욱이 다음해인 1667년 정월에는 영지의 농민 5-60명이 토지측량 중지를 탄원하는 연판장을 제출하기에 이른다. 이는 마고에몬의 교사에 의한 것이라고 한다.

그러자 츠라요리는 사건의 전말을 번에 보고하고, 번 당국의 결정에 일임하겠다고 말했다. 이 츠라요리의 「보고서 비망록口上之覺」이 「장가어증상잡기長家御證箱雜記」에 수록되어 있는데, 이하 이 사료에 근거해서 사건을 살펴보도록 하자.

먼저, 츠라요리가 마고에몬을 어떻게 보고 있었는가라고 하는 점인데, 마고에몬이 재근무하게 되었다고 해서 마음대로 하도록 내버려 뒀던 바, "교만해져 만족스럽지 못하게 생각하는데, 마침내는 일족의 힘이 너무 크게" 되었다고 지적하고 있다. 마고에몬의 친인척들은 확실히 초오가의 일대 세력이 되어있었던 것이다. 그런 그들은 주군인 츠라요리에 대해서 다음과 같은 행동을 하고 있었다고 한다.

> 조금이라도 마고에몬의 마음에 들지 않는 일이 있으면 매우 화를 내며, 세상의 평판에는 신경을 쓰면서 친척이 작당을 해서 이런저런 못된 짓을 하고, 여러 가지 잔꾀를 부려 나를 속이며 악행을 끝없이 되풀이 하고 있습니다.

이처럼 츠라요리는 마고에몬이 자신을 속이며 악행을 거듭하고 있다고 생각하고 있었던 것이다. 이는 당연히 가토오 우네메 등의 모함에 의한 것이었을 것이다.

임금이 임금답지 않더라도 신하는 신하다워야 한다

그러나 츠라요리의 분노는 마고에몬의 세력이 커졌다는 것 때문만은 아니었다.

마고에몬 일당이 자기들 거소에 농성을 하며 출근도 하지 않은데다가 농민들까지 연관시켜 주군인 자신의 '악명'을 퍼뜨린 것이 더욱 더 츠라요리의 분노를 사게 되었던 것이다.

츠라요리 본인의 말을 인용하도록 하자. 이것은 츠라요리가 사건을 번 당국에 보고를 하고 재단을 청했을 때의 것이다.

> 자기(마고에몬)들은 모함을 받고 있는데다가, 저(초오 츠라요리長連頼)의 정치가
> 나빠서 무사나 농민에 이르기까지 참을 수 없어 하고 있기 때문에, 자신들은 우선
> 휴가를 받아서 번청을 떠나겠다며, 저의 악명을 주장하고 있습니다.

가신이 주군의 '악명'을 주장하는 것은 이유 여하를 막론하고 용서할 수 없는 것이었다.

물론, 마고에몬 등에게도 할 말은 있었을 것이다. 츠라요리 측에서 보면 농민을 교사한 악신惡臣이 되겠지만, 농민들은 마고에몬 등을 지지하고 있었던 것이다.

그러나 츠라요리는 '충신'이라고 하는 것은 다음과 같아야 한다고 주장한다. 매우 흥미로운 생각이므로 소개한다.

츠라요리는, 거소에 농성을 하며 창이나 장도, 조총 등을 준비해서 '반역심'을 드러내는 것은 아무리 간언을 위해서라고 주장하더라도, 간언을 하는 것이라고는 말할 수 없다고 비난하면서, 다음과 같이 마

고에몬을 단죄했다.

몸과 목숨을 바쳐 간언을 하고, 주군의 악행을 숨겨주며, 주군에게 선행을 행하
도록 권하고, 자신이 멸망하더라도 주위 사람들을 끌어들이지 않도록 하며, 어
찌했든 간에 주군을 위해서 도움이 되도록 하는 자가 충신이라고 생각합니다.
(마고에몬의 행동은) 충의와는 전혀 다른 행동입니다. 자신의 원한 때문에 주군
의 가문을 뒤엎으려는 행동은 비겁하기 짝이 없다고 생각합니다.

주군을 위한 행동은 자신의 신명을 바치는 것이며, 간언을 하더라
도 주군의 악행을 숨기면서 행해야 하는 것이었다. 자신의 원한 때문
에 주군의 가문을 멸망시킬 가능성이 있는 행동을 하는 것은 '비겁하
기 짝이 없는' 것이었다.

이러한 사고방식은 주군 측에서만 그렇게 생각하는 것은 아니다. 사
가佐賀번사 야마모토 츠네토모山本常朝의 『하가쿠레葉隱』에서도, 간언이
라고 하는 것은 주군의 악행을 감추면서 행해야 하는 것이라고 하고 있
다. 가신의 행동은 모두가 주군의 가문을 존속시키기 위해서이기 때문
에, 주군이 신하의 간언에 따르지 않았다고 하더라도 주군을 지지해야
만 하는 것이다.

이러한 사고방식은 유학에서 말하는 "임금이 임금답지 않으면, 신하
도 신하의 도리를 다하지 않는다"와는 달리, "임금이 임금답지 않더라
도 신하는 신하다워야 한다"라는 일본적 사고이다.

상기의 츠라요리의 말은 이러한 '일본적 충의'가 주군을 생각하는 신
하 쪽에서가 아닌 주군 자신이 입에서 나왔다는 의미에서 흥미롭다.

불쌍한 충신 마고에몬

초오 츠라요리에 의한 장문의 보고서를 받은 번 당국은 아베 진에몬
阿部甚右衛門・마즈자키 쥬에몬松崎十右衛門 두 사람을 마고에몬의 저택으
로 파견하여 심문을 하였다.

조사의 과정은 분명하지 않으나, 윤 2월 24일, 마고에몬과 그 자식
두 명(우라노 효오고浦野兵庫, 아기시 카몬阿岸掃部)이 제출한 문서에는 다음
과 같이 기록되어 있다(『이시카와현사石川縣史』).

초오 츠라요리쪽에서 저희들을 괘씸하다고 보고되었다고 한다면, 저희들로서는
달리 변명할 일은 없습니다. 저희들이 어떠한 형태라도 처벌되어 주군 가문이
존속되게 해주신다면 고맙고도 감사하게 생각합니다.

『이시카와현사』는 이 문서를 "그들도 또한 꽤나 구실을 만들어서,
철두철미하게 주군에 충성스런 모습을 보이려고 한 것 같다"고 해석을
하고 있다.

즉, 우라노 일당은 주군인 초오가를 전복하려고 한 악당이지만, 번
당국에 대해서는 충신인 것처럼 행동을 하고 변명을 했다고 이해를 하
고 있다.

그러나 필자에게는 그렇게 생각되지 않는다.

후일, 초오 츠라요리의 적자嫡子 모토츠라元賴가 삭발을 하고 별채下屋
敷에서 칩거를 명령받았던 사실을 보면, 마고에몬 등의 행동은 모토츠
라의 지지 하에 이루어진 것이었다고 생각된다. 마고에몬이 그 나름대
로 주군 가문을 위해서 움직인 것은 사실이었다고 생각된다.

그들의 행동이 츠라요리나 가나자와저택의 가노家老로 있는 가토오
우네메 등의 입장에서 본다면, 자신들을 가볍게 여긴 처사임에는 틀림

이 없다. 이러한 일은 흔히 있는 부자 간의 대립이기도 하다.

그 때문에 주군 츠라요리로부터 가가번에 자신들을 괴씸하다고 하는 보고서가 제출되면 가신들로서는 그것에 거역하는 행동을 취할 수는 없는 것이다. 오히려 두려운 일은 집안의 문제를 본 번本藩에 보고하여 처단을 구하는 츠라요리의 어리석은 행동이, 초오가 자신의 멸망을 초래하게 되는 계기가 되지는 않을까 하는 점이다.

물론 마고에몬에게도 하고 싶은 말은 얼마든지 있었을 것이다. 변명하는 것도 불가능하지는 않았을 것이다. 그러나 마고에몬은 자신의 몸을 바쳐서라도 주군 가문의 존속을 도모했다고 생각된다.

마고에몬 일족은 멸족이 되다

3월 2일, 번 당국은 마고에몬을 본 번 가노家老 혼다 마사나가本多政長의 저택으로 호출했다. 모든 것을 번 당국의 결정에 맡기려고 결의한 마고에몬은 순순히 출두했다.

번 당국은 마고에몬을 반 하치야伴八矢의 저택에 위탁시켰다. 마고에몬의 장남 우라노 효오고, 차남 아기시 카몬, 삼남 고마자와 킨사에몬駒澤金左衛門. 사남 아기시 토모노스케阿岸友之助나 마고에몬의 동생들도 각각 본 번의 중신 집에 위탁되었다. 또한 일당이라고 여겨졌던 자들도 초오가 가신들의 저택에 위탁되었다.

가가번 번주 마에다 츠나노리前田綱紀는 번으로부터의 보고를 받고, 이 사건을 후견인인 아이즈번주 호시나 마사유키保科正之 및 막부의 로오주에게 보고를 하여 지시를 받들고자 했다.

마침내 에도에서는 초오 츠라요리의 장남 모토츠라에게 삭발 칩거를 명하고, 가신인 우라노 마고에몬 등에게는 할복을 포함한 처벌이 결정되었다.

그러자 가가번 에도번저에서는 오카지마 진파치岡嶋甚八를 사자로서 번으로 파견했다. 가나자와에 도착한 오카지마는 번주의 명령을 전달하고, 8월 19일 처분이 집행되었다.

이미 자결한 아기시 토모노스케를 제외한 우라노 마고사에몬, 우라노 효오고, 아기시 카몬, 고마자와 킨사에몬, 우루치 헤이하치(宇留地平八, 마고에몬의 사위)에게는 할복이 명해졌다.

나카무라 하치로오사에몬中村八郎左衛門, 니기시 겐노스케(仁岸権之助, 마고에몬의 종형제・나가에 젠스케의 사위), 이쿠루 하치죠오伊久留八丞는 엣츄우越中 고카야마五箇山로 유배가 명령되었다.

세키 사콘(関左近, 마고에몬의 사위), 츠치야 하치사에몬(土屋八左衛門, 마고에몬의 종제), 텐야 로쿠로오사에몬(田屋六郎左衛門, 세키 사콘의 여동생 남편), 나가에 젠스케永江善助 등 마고에몬과 친인척이 되는 자 14명에게는 추방이 명령되었다. 그리고 마고에몬의 사위의 한 명인 고레키요덴에몬是清伝右衛門은 자결을 했다.

그 외에 아와츠 쥬우베에粟津十兵衛 등 적어도 5명이 '봉록몰수扶持放'를 당했다.

이것만으로도 처벌자는, 자결 자 2명, 할복 5명을 포함해 29명이 된다. 물론 자결자의 자결수단도 할복이다. 더욱 더 가혹한 것은 이들의 자식이나 손자들에 대한 처벌이었다.

두 살이었던 고마자와 사이조오駒沢才蔵부터 15살이었던 아기시 마타쥬우로오阿岸又十郎까지, 합해서 11명에 대한 살해가 명령되었다. 「장 씨 문서長氏文書」에 남겨진 사료에 의하면, 그들은 아버지나 할아버지가 할복한 그날인 8월 19일에 살해되었다. 너무나도 충격적인 조치이므로 이름과 나이를 소개하고자 한다. 나이 다음에 기록한 인명에는 '살해를 도운 자殺害介錯人'라는 역할명이 기록되어 있다.

아기시 마타쥬우로오阿岸又十郎	15살	아사노 신페이浅野新平
우루치 시치로오宇留地七郎	12살	아마노 진시치天野甚七
우라노 우에몬浦野右衛門	8살	소치 마고에몬帥孫右衛門
우라노 산쥬우로오浦野三十郎	4살	소치 마고에몬帥孫右衛門
아기시 산쥬우로오阿岸三十郎	13살	카야츠 후지베에萱津藤兵衛
아기시 켄쥬우로오阿岸権十郎	11살	사카이 히라에몬酒井平右衛門
아기시 로쿠쥬우로오阿岸六十郎	9살	코노키 소오하치此木宗八
아기시 시치쥬우로오阿岸七十郎	7살	우에노 야하치로오上野弥八郎
아기시 나베키치阿岸鍋吉	8살	우에노 야하치로오上野弥八郎
우루치 마타타로오宇留地又太郎	10살	오가와 헤이로쿠小川平六
고마자와 사이조오駒沢才蔵	2살	오가와 헤이로쿠小川平六

에도시대에 빈발한 집안소동에 수반한 처벌 중에서도 이처럼 가혹한 것은 드물 것이다. 말하자면, 우라노 일족의 멸족을 명령한 것과 같다.

무엇 때문에 이렇게까지 가혹한 처벌을 명령하였을까. 필자는 츠라요리의 적자 모토츠라의 칩거에 그 원인이 있지 않을까 생각한다.

추측컨대, 은퇴를 눈앞에 두고 있는 츠라요리에게 있어 모토츠라야말로 후계자였다. 그러한 모토츠라를 교사하여 결과적으로는 후계자의 자리를 박탈당하게 한 우라노 일족의 행동은 증오하고도 남음이 있었을 것이다. 그리고 번 당국도 모토츠라의 후계자 자격박탈이라는 중대한 처분을 한 이상, 우라노 일족에 대해서도 가능한 한 가혹한 처벌을 집행할 필요가 있다고 생각한 것은 아니었을까.

마고에몬의 진심

모토츠라의 후계자 자격박탈의 결과, 초오가의 계승은 츠라요리의 적손嫡孫인 히사츠라(尙連, 센마츠千松, 모토츠라의 아들)가 하게 되었다.

1671년 3월, 츠라요리는 사망한다. 같은 해 10월 9일, 영지 33,000석은 히사츠라가 상속했다. 히사츠라는 아직 10살의 소년이었다.

이 어린 소년의 가문상속을 계기로 가가번주 마에다 츠나노리는 10월 22일에 초오가의 영지교체를 명령했다. 그때까지의 카시마한군 일대를 영유하고 있었던 가마쿠라 이래의 명문 가문 초오가의 영지는 여기저기로 분산하게 되었다.

이는 번 내의 번이라고도 할 수 있는 초오가를 여타의 중신급으로 취급하려는 정책에 지나지 않았다.

실제로 츠나노리는 초오가에 대해서 그때까지의 경과를 설명하면서 다음과 같이 선언을 하고 있다(「長氏文書」).

> 이러한 이유로, 이번의 영지이전所替え은 다른 가신과 마찬가지로 명령한 것이다. 쿠로오사에몬(九郎左衛門, 즉 長尙連)은 물론, 쿠로오사에몬의 가신들도 이 사실을 알면 오히려 기뻐할 것이다.

지금까지는 초오가만이 예외적으로 대우를 받아온 것이다. 이렇게 해서 가가본번加賀本藩의 가신단에 대한 지배도 겨우 일원화할 수 있게 되었다.

그런데 이 츠나노리의 선언 중에는 주목해야 할 문구가 들어있다.

> 1667년, 초오 츠라요리의 가신, 마고에몬 부자 일족 친인척 다수가 합의를 하여 츠라요리의 영지 농민들을 속여 옳지 않은 일을 꾸미며 도당을 지은 일은, 평소에 츠라요리의 정치가 나쁘기 때문이다. 코오기(막부)의 선례대로라면 영지몰

수 또는 영지이전을 명령받아야 할 사안이다. 이 건에 대해서 영지 내의 정치가 좋지 않았기 때문에 일어난 사건이므로, 츠라요리에게도 영지이전의 명령을 내리는 게 옳다고 호시나 마사유키님을 비롯해 로오주들도 이야기했지만, 모두들 알고 있듯이, 마에다 츠라노리님의 생각은 츠라타츠는 토시이에님 이래로 충의를 다 바쳐온 공적이 있고, 츠라요리도 성실히 직무를 수행해왔으므로, 무슨 일이 있어도 이번만은 용서를 하여 종전대로 두고 싶다고 강하게 주장하여 츠라노리님의 생각대로 명령하게 된 것이다.

주목되는 것은 가신이나 영민의 소동은 주군의 정치가 나쁘기 때문이며, 그러한 경우에는 영지몰수든지 아니면 영지이전을 명령받는 것이 코오기의 선례이며, 이 사건의 협의에 참여했던 호시나 마사유키 등도 초오가의 영지이전을 주장했다는 점이다.

이미 언급했지만, 이때 협의된 구체적인 내용은 분명치 않는데, 적어도 우라노 일족의 처벌과 함께 초오가의 영지이전도 현실성이 있었던 것이다. 어쩌면 초오가의 영지몰수도 협의 가운데 있었을 지도 모른다.

에도로부터 파견된 사신 오카지마 진파치는 이러한 사실도 번 담당 가노国元家老에게 전했을 것이다. 그리고 우라노 마고에몬에게도 이러한 상황이 알려지게 되었다고 생각된다. 이러한 경우, 초오가의 오래된 노신이었던 마고에몬이 택해야 할 행동은 무슨 일이 있어도 초오가를 지키는 것이었을 것이다.

어쩌면 아들이나 손자까지 할복을 명령받으리라고는 생각 못했을 지도 모르지만, 자신과 주변의 사람이 할복함으로써 초오가를 지킬 수 있다면 깨끗하게 배를 가르려고 생각했을 것이다. 츠나노리도 초오가의 가신 내부의 소동단계에서는 초오가의 영지이전을 피하게 하려고 했을 것이다. 결국, 우라노 일족의 할복은 주군가主家를 지키기 위한 희생이었다고 생각된다.

2. 사츠마번의 집안 내분

13명이 할복한 문화연간文化年間[6]의 붕당탄압

다이묘가의 집안소동에 대한 엄격한 처분은 에도시대 후기가 되어
도 변함이 없다. 1808년(문화文化 5년), 사츠마번에서 발생한 집안소동인
문화연간의 붕당탄압(「분카호오토쿠즈레文化朋薫崩れ」)에 대해서 살펴보
도록 하자.

사츠마번주 시마즈 나리노부島津齊宣의 신임을 얻어 번정을 주무르던
가노家老 카바야마 치카라히사코토樺山主税久言, 치치부 타로오스에야스秩
父太郎季保 등 일당 13명이 할복, 25명이 섬으로 귀양가거나, 출가, 핍색逼
塞,[7] 파면 등, 총 115명 정도가 처벌을 받은 사건이다.

이 숙청의 흑막은 번주 나리노부의 아버지인 시마즈 시게히데島津重
豪로 1809년에는 번주 나리노부도 은퇴를 당하게 되었다.

당시에 오오토노사마大殿様로 불리고 있었던 시게히사는 나리노부
로부터 상속권을 빼앗아, 19살이던 손자 나리오키齊興를 후계자로 삼았
다. 사이고 타카모리西郷隆盛나 오오쿠보 토시미치大久保利通 등이 섬겼던
유명한 시마즈 나리아기라島津齊彬는 나리오키의 아들이다. 이 사건은
카바야마 · 치치부 등 일당이 중국 송대의 철학서인 『근사록近思録』을

---

6) 에도후기의 코오카쿠光格 · 닌코오仁孝 양 천황 때의 연호. 기간은 1804년 2월 11일에서
1818년 4월 22일까지.

7) 에도시대에 무사나 승려에게 부과했던 형벌의 하나. 문을 닫고 주간에는 출입을 금한 형벌.
폐문閉門보다 가볍고 엔료오遠慮보다는 무거웠다.

신봉하고 있었던 점에서, 「근사록탄압近思錄崩れ」이라고도 한다.

세력을 확장하는 근사록당

시대는 거슬러 올라가는데, 시마즈 나리노부가 번주가 되었던 것은 1787년, 15살 때이다. 얼마동안은 시게히데가 '정치보좌政務介助'라는 명목으로 번정의 실권을 쥐고 있었는데, 한편으로, 사츠마번은 시게히데의 개방적인 정책 하에서 재정궁핍에 시달려 발본적인 개혁이 필요하게 되어 있던 상황이었다.

그러던 중 카바야마 치기라는 1804년 3월 13일, 반가시라番頭직[8]을 유지한 채 요오닝用人[9]에 등용되었다. 그리고 대감찰관을 거쳐, 1806년 11월 19일에는 재정담당 가노家老로 승진했다.

감찰관을 재직 중이던 치치부 타로오는 1802년에 동료인 시미즈 겐자에몬清水源左衛門과 함께 대감찰관과 언쟁을 하게 되어 면직이 된 다음 근신을 명령받고 있었는데, 2년 후인 1804년 7월 13일에 근신이 풀려 이전의 감찰관직으로 복직했다. 이는 번주 나리노부가 가신들에게 직언을 요구해, 근신 중에 치치부 타로오와 시미즈 겐자에몬의 사면을 요구하는 자가 있었기 때문이다.

그리고 1806년 11월 28일, 치치부는 요오닝을 거쳐 대감찰관에 등용되고, 같은 해 12월 6일에는 가노家老로 승진했다. 이름도 가노家老에 어울리는 '이가伊賀'로 고쳤다.

그 외에 구마모토 헤이타隈元平太, 모리야마 산쥬우森山三十 등이 측근

---

8) 막부·조정·다이묘가家에서 전중殿中이나 건물에 교대로 숙직이나 보초를 서는 무사의 팀장에 해당하는 사람.

9) 에도시대 무가 직제의 하나. 주군의 신변에서 근무하면서 일상생활 전반의 관리를 담당하며, 가정家政을 지휘하는 실무담당 문관.

이 되는 등 카바야마·치치부를 지도자로 하는 근사록당은 번정의 요로를 차지해갔다.

1807년 12월에는 근사록당의 정적인 조시칸造士館 교수 야마모토 덴조오마사요시山本伝蔵正誼를 번정비판의 죄목으로 교수직에서 추방하고, 그의 저서를 소각하도록 명령했다.

이렇게 해서 1808년의 봄에는 번정은 번주 나리노부를 후원자로 하는 근사록당이 좌지우지하게 되었다.

마침내 카바야마와 치치부는 나리노부의 참근교대를 수행해서 에도로 올라가서 에도번저의 개혁에 착수하려고 했다. 구체적으로는 오오토노 시마즈 시게히데를 설득해서 검약을 실행하도록 하려했다고 한다(原口虎雄 『幕末の薩摩』).

시게히데의 격노를 사다

1808년 4월 21일, 치치부의 적자 타로오가 사망을 했다. 겨우 12살이라는 어린 나이였다. 그 때문에 치치부는 번에 남기로 하고 카바야마만이 에도로 가게 되었다.

에도로 가는 도중에, 카바야마가 자신이 지토오로 근무하고 있는 번 경계인 이즈미고오出水郷에 체재를 하고 있을 무렵에, 에도에서는 시게히데가 선수를 쳐서 카바야마의 에도참부를 금지시켰다.

그 지시에 따르면, 카바야마 등은 여행 중이라도 되돌아가서 카고시마성하鹿児島城下로는 돌아가지 말고 자신들의 영지로 가서 근신하도록 되어 있었다. 그리고 집안 식구라도 쉽게 면담하는 것이 허락되지 않았고, 다른 번사들과의 서신왕래도 일체 금지한다는 것이었다.

그러자 카바야마는 영지인 이무타鬮牟田로 돌아가 근신을 했다. 5월이 되자, 4월 19일자로 에도에서 결정된 '면직 후 은퇴'가 언도되었다.

치치부에 대해서도, '면직 후 은퇴, 가격家格은 코반小番'이 명령되었다. 가노家老직의 면직과 은퇴가 명령된 다음, 가문의 격도 이전의 코반으로 되돌려졌던 것이다.

5월 9일에는 야마노쿠치山之口 지장당地藏堂의 돌담에 "치카라·이가, 도당을 지어 이끌고 있음으로 엄벌에 처하고, 가담자들도 죄의 경중에 따라 처벌을 받아야 된다"는 낙서가 붙어 있었으며, 거기에는 같은 파 수십 명의 이름이 쓰여 있었다고 한다. 시게히데에 의한 근사록당에 대한 반격이 시작되었던 것이다.

윤 6월 20일, 에도에 있는 시게히데를 면회한 가노家老 에이 시나노穎娃信濃가 번으로 돌아 왔다.

그리고 다음 날인 21일, 치치부는 친척들과 함께 평정소評定所[10]로 호출되어 처분이 하달되었다. 처벌은 이름으로 사용하고 있는 '이가'의 사용금지와 아쿠세키섬惡石島으로의 귀양이었다.

평정소로 호출이 왔을 때에 치치부는 각오를 하고 배를 가르려고, 다다미를 걷어내고, 널빤지 위에 담요를 깐 다음, 와키자시의 손잡이에 종이를 감으려는 순간이었다. 친척들은 "소홀한 행동은 좋지 않다. 우선은 사태를 들어보자"며, 치치부를 말렸다고 한다. '소홀한 행동'이란 지시도 하지 않은 할복을 가리킨다.

그런데 그들의 어떠한 행동이 처분의 이유가 되었던 것일까. 그것에 대해서는 6월자의 시게히데 자필의 '명령서'가 있다. 이것은 시게히데가 쓰고, 나리노부가 승인을 한 다음, 가노家老들 연명의 첨서가 있는 것이었다.

---

10) 막부나 다이묘영국에 설치되었던 최고의 재판기관. 사건의 중요도에 따라서는 전원 합의제로 운영되었다.

영지領国 내의 풍속 건에 대해서는 몇 년 전부터 종종 명령을 내린 적이 있는데, 최근에는 그러한 명령의 효과도 없이 성하에서 각각 도당을 지어, 원래는 동료임에도 불구하고 다른 파의 사람들과는 다른 번의 사람과 같이 사이가 멀어지는 풍조가 있으며, 젊은이 중에는 야행을 하거나 길거리를 배회하는 일 등도 끊이지 않고 있다고 듣고 있다. 결국은 그와 같은 옳지 않은 풍속 때문에 번사 전체가 사이좋게 되질 못하며, 도당을 짓는 일도 생기며, 정치의 방해가 되니 좋지 않은 일이로다.

시게히데가 문제로 삼은 것은 카바야마 · 치치부 등이 도당을 지어 패거리 이외의 가신들을 배척하고 있었다는 것이었다.

말한 대로 그들이 의식적으로 도당을 짓고 있었는지는 확증이 없지만, 번사 일반의 입장에서 본다면, 확실히 이러한 비난을 받을 만하였다. 게다가 근사록당에 의한 무예 장려정책 때문인지, 젊은 번사들이 야행, 길거리 배회 등과 같은, 번 당국으로서는 바람직스럽지 못한 행동이 눈에 띄게 늘어나 있었다.

이렇게 기술한 다음, 시게히데는 나라 안이 조용할 것(「国中静謐之儀」)을 명심하고, 모두가 화합하고 친하도록 명령하고, 이러한 방침에 거스르는 자는 엄벌에 처한다고 분명히 밝혔다.

나아가 시게히데는 6월 15일자의 서신에서 시마즈 나가토島津長門 · 시마즈 와카사島津若狭 · 시마즈 효오고島津兵庫 · 시마즈 이나바島津因幡 등

시마즈 시게히데 초상화(가고시마현 역사자료센터 여명관 소장).

일족 4명에 대해 번 내의 소동이 에도에서도 소문이 났을 뿐만 아니라, 막부에도 내밀하게 알려지게 되어 번의 큰 일이 되었음에도 불구하고, 한 마디의 소식도 전해주지 않는 것은 잘못생각하고 있는 것이며, 일족의 의미도 없고, 믿음직스럽지도 못하다고 질책을 했다.

여기에 이르러 카바야마·치치부 등의 운명은 결정되었다고 할 수 있겠다.

유배라는 이름을 빌린 할복

단, 공식적으로 치치부 등에게 제시된 형은 섬으로의 유배였다. 그것이 어떻게 해서 13명이나 되는 번사들의 할복으로 되었던 것일까.

앞서 언급한 야마모토 마사요시가 남긴 기록『문화붕당실록文化朋党実録』에 의거해 상세하게 살펴보도록 하자.

7월 6일, 번에 있었던 번주 시마즈 나리노부는 이 달 21일에 출발하기 위해 출발의식을 거행했다. 이 날 오전 10시경을 지나 에도로부터 급사飛脚가 도착했다. 윤 6월 19일에 에도를 출발한 급사였다. 에도에서 카고시마번까지 13일 만에 도착했던 것이다.

오후 2시경이 지나 치치부의 친척인 가와카미 진고사에몬川上甚五左衛門과 사가라 이치로오사에몬相良市郎左衛門이 번의 재판담당 관리로부터 소환되어 담당관 아리마 토오시치로오有馬藤七郎에 의해 다음과 같이 언도되었다.

> 타로오는 섬으로 유배를 명령받아 격자로 엄중하게 가려진 옥(座敷牢)에 넣어 두고 있지만, 차츰 듣게 되는 사정도 있고 하니, 친척들 스스로가 알아서 처리하도록.

시게히데大御隱居의 공식적인 지시는 섬으로의 유배였지만, 친척들의 '의견'으로 치치부에게 자결을 명하도록 한 것이었다. 번으로부터의 할복명령은 없더라도, 이러한 형식으로 배를 가르게 하는 일이 있었던 것이다.

원래 치치부는 번정을 책임지고 있는 가노家老로서 결정적인 죄를 범한 것도 아니었다. 번주 나리노부가 신임하고 있었기 때문에 번 내에서 작당을 하고 있었다는 것은 트집을 잡는 것에 지나지 않았다. 그러므로 도당을 지었다는 죄목으로 할복이라는 처벌을 할 수가 없었다. 그래서 섬으로의 귀양이라고 해 놓고, 그러나 실제로는 친척들에게 명령을 해서 할복을 강요하는 수단을 취하고 있었던 것이다.

가와카미와 사가라는 이지치 신타유우(伊地知新太夫, 喜三次), 제이쇼 신스케税所新助, 그 외의 친척들을 모아놓고 상담을 했다. 그리고 각각 결심을 하고 내려진 명령 내용을 치치부에게 알려주고 감옥 문을 열었다. 다음의 문장은 감옥 문을 나온 치치부 행동의 전말이다.

즉시 감옥 문밖으로 나와, 손을 씻고 머리카락을 묶고, 작별의 잔을 교환하는 등을 마치고, 해가 지기 전에 다시 감옥 안으로 들어가 이지치 키산지의 카이샤쿠로(실제로는 카와카미 진고사에몬) 할복을 했다고 한다.

운명을 깨달은 치치부는 저항하는 일도 없이 침착하게 친척들과 이별의 잔을 교환하고, 다시 감옥 안으로 들어가 할복해서 생을 마감했던 것이다. 죽음 직전의 체념은 너무나도 무사답다고 해야 할 것이다.

할복강요의 뒤처리

사가라 이치로오사에몬 등은 치치부의 자결을 즉시 재판담당 관리에게 보고했다. 재판담당 관리는 이 날 일몰까지 기다리고 있었다. 치치부 자결의 보고를 기다리고 있었던 것이리라.

사가라 등이 번의 감찰관에게 보고한 내용은 "치치부 자신이 감옥 안에서 혀를 깨물어 괴로워하고 있었기 때문에 하는 수 없어 감옥 문을 열고 들어가 친척들이 간호를 했지만, 급소를 깨물었기 때문에 살릴 수 없다고 판단해 손을 빌려줘 자결하게 했습니다"라는 것이었다.

이는 재판담당관리가 내밀하게 알려 준대로의 내용이었다. 할복의 강요는 이런 식으로 분식되었던 것이다.

다음날 7일 오전 1시경, 감찰관인 노세 곤조能勢権蔵 외 1명이 시체검시를 위하여 치치부집으로 찾아 왔다. 그들은 대감찰관으로부터 "상처 조사 등 세밀하게 살필 필요는 없다"는 내밀한 지시를 받고 있었다.

번 당국은 치치부가 자결했는지, 살해되었는지 보다도 그저 죽어 있으면 그것으로 족했던 것이다. 그러한 취지를 전해 듣고 있었던 친척들은 무사에 대한 배려로 할복을 시키고, 보고는 혀를 깨물고 자결했다고 했던 것이다.

7일, 치치부의 시신은 '임의대로 처리해도 된다'는 전갈이 있었다. 시체의 매장이 허용된 것이다. 그래서 치치부의 친척은 그날 밤, 10시 경에 출관을 하여 난린지南林寺 산중에 매장을 했다. 원래는 짓소오인実相院이 가족 절旦那寺이었지만, 당시에 주지가 없어 미나모토노 슌안源舜庵이라는 중이 대리로서 인도했다.

법명은 명월인각심종엄거사名月院覺心宗嚴居士. 유언에 따라 카고시마 성 쪽을 향해 그 해 4월에 죽은 아들 타로오와 얼굴을 마주해서 매장했다고 한다.

같은 달 19일이 되어 치치부의 저택, 하인, 가재도구의 몰수가 명령되었다. 지금까지 지급되었던 봉록미切米도 몰수되었다. 단 처자나 친척에게는 해당되지 않는다고 했다.

이는 치치부가 순순히 할복을 했기 때문일 것이다. 상속은 장남 타로오가 이미 사망했기에, 차남에게 가문의 격은 그대로 해서 신청하도록 명령이 있었다. 할복을 하면 가문의 존속은 허락되었던 것이다.

시미즈 겐자에몬清水源左衛門의 수수께끼 같은 할복

치치부가 할복을 한 뒤 6일 후인 7월 12일, 치치부의 동료였던 시미즈 겐자에몬이 할복을 했다. 겐자에몬은 파면과 근신을 명령받고 있었는데, 그 할복의 이유가 수수께끼였다.

일설에는 겐자에몬의 친척이 화가 미칠까 두려워해서 겐자에몬의 목을 졸라 살해하고 그 후, 배에 와키자시를 찔러 자결한 것처럼 했다고 한다.

또한 겐자에몬이 자결을 하기 전날, 대감찰관이 겐자에몬의 자형姉婿인 사사라 젠스케讃良善助를 카고시마성의 다이스노마台子間로 호출해서 무엇인가를 얘기했다는 소문도 있다.

젠스케는 동서相婿인 오가미 진고사에몬尾上甚五左衛門과 밀담을 나누고, 곧이어 진고사에몬은 사적인 용무가 있다며 업무를 동료에게 부탁을 하고 귀가했다고 한다. 이러한 점을 감안한다면, 대감찰관으로부터 겐자에몬의 할복에 관한 비공식적인 의향이 전달되었다고도 생각되어지나, 이것 또한 소문인 만큼 그 진상에 대해서는 역시 수수께끼라 하겠다.

그런데 진고사에몬도 9월 26일 저녁 무렵에 할복을 하여 목숨을 끊었다. 그도 평정소로부터 호출을 받았지만, 출두하지 않고 자결한 것이다. 이러한 점을 고려할 때, 겐자에몬의 자결은 어쩌면 진고사에몬 등에 의한 살해사건이었는지도 모른다.

다른 근사록당도 같은 형벌에 처함

9월 12일, 카바야마 치카라를 제외한 근사록당의 주요 멤버 10명에 대한 처분이 발표되었다. 구마모토 헤이타는 가쟈지마臥蛇島로, 구마모토 군로쿠隈元軍六는 아쿠세키지마로, 모리야마 큐에몬森山休右衛門은 타카라지마宝島로, 카츠베 군키勝部軍記는 스와노세지마諏訪ノ瀬島로, 헤키 고로오타日置五郎太는 오키노에라부지마沖ノ永良部島로, 오카모토 센에몬岡本千右衛門은 키카이지마喜界島로, 호리 진자에몬堀甚左衛門・코지마 진베에小島甚兵衛는 아마미 오오시마奄美大島로, 키후지 이치에몬木藤市右衛門・오오시게 고로오사에몬大重五郎左衛門은 토쿠노시마德之島로 각각 유배가 명령되었다.

이날 오후 2시경, 번 당국은 각자에게 내일 오전 7시경에 친척을 동반하여 평정소로 출두하도록 명령했다.

그러나 치치부의 경우와 마찬가지로 별도의 지시가 내려져 있었다.

구마모토 헤이타・구마모토 군로쿠・모리야마 큐에몬・카츠베 군키의 친척은 그 날 중으로 재판담당관리에게 호출당해 '오늘 밤중으로 할복을 하고 신고를 할 것'이라는 취지가 전달되었던 것이다.

이들의 친척은 그날 오후 6시부터 10시까지 사이에 그들을 할복시켜 성에서 기다리고 있던 재판담당관리에게 그들의 할복을 보고했다.

재판담당관리들은 곧바로 시체검시관을 파견해서 검시시켰다. 이날 할복한 자 중의 모리야마 큐에몬의 최후의 모습이 전해오고 있다.

큐에몬은 할복을 결심하고 가족들과 최후의 술잔을 교환했다. 그리

고 다음과 같은 한시를 읊었다.(한시 번역은 역자)

慈母勿悲(자모물비: 자상하신 어머니, 슬퍼하지 마십시오)

羅阨身(라액신: 재난을 당한 몸은)

古來如此(고래여차: 옛날부터 이와 같습니다〈할복을 하게 되어 있습니다〉)

幾忠臣(기충신: 하물며 충신은 당연하지 않겠습니까)

吾心自若(오심자약: 나의 마음은 태연하여)

如平日(여평일: 평상시와 같습니다)

不怨天矣(불원천의: 하늘을 원망하지 않고)

不尤人(불우인: 사람도 원망하지 않습니다)

그 후, 예복을 갖춰 입은 큐에몬은 방 한 가운데 앉았다. 그리고 스스로 칼을 빼서 배를 찔렀다. 그러나 얼마 동안 숨이 붙어 있었기 때문에, 주위에 있던 사람이 숨을 끊으려고 했지만, 큐에몬은 허락지 않고 동생인 키요조오淸藏에게 명령하여 뒤에서 끌어안도록 했다. 그러자 큐에몬은 절명을 했다.

일설에는 큐에몬의 양자 모리야마 쇼오에몬森山正右衛門이 큐에몬을 기둥에 세워두고 칼로 그의 배를 옆으로 베어 살해를 하고 자결한 것처럼 보이게 했다고도 전해진다.

진상은 알 수가 없지만, 추측컨대 할복을 강요당한 자의 집에서는 눈물을 흘리게 하는 이별만이 아니라, 억지로 자결케 하려는 친척에 의한 처참한 (살해)광경이 전개된 일이 있었다는 것도 상상하기 어렵지 않다.

자주적으로 할복한 사람

다음 날 13일, 헤키 고로오타, 오카모토 센에몬, 호리 진자에몬, 코지마 진베에, 오오시게 고로오사에몬 등 5명의 친척으로부터 지난밤 이들이 할복했다는 보고가 번 당국에 들어왔다.

번 당국은 즉각 시체검시관을 각자의 저택으로 파견했다. 호리 진자에몬은 요리아이寄合라는 높은 가문이었기 때문에 감찰관 두 명이 파견되었다.

이들은 모리야마 큐에몬 등 4명과는 달리 반드시 할복하라고 명령을 내린 것도 아니었다. 그러나 같은 파의 사람들이 속속 할복하고 있다는 것을 들었을 것이고, 자기들의 운명도 어떻게 될지 몰라, 절망한 나머지 이와 같은 행동을 하게 된 것이라고 추측된다.

이 날 카고시마성 내의 평정소에는 재판담당관리 카바야마 큐타유樺山休太夫, 동 수습 에노모토 신쿠로오榎本新九郎, 총괄자 5명, 감찰관 1명, 그 외에 평 감찰관徒目付,橫目 등이 대기하고 있었다.

앞서의 5명의 할복 보고가 있었으며, 키후지 이치에몬 혼자 출두 명령시간에 친척에게 이끌려 출두를 했다.

키후지는 "도쿠시마로 귀양을 명령하였다. 배편이 있을 때까지, 감옥에 넣어둔다"라는 언도를 받았다.

내밀히 할복 명령을 받은 자들은 그렇다 치더라도, 번 당국의 처분이 섬으로의 귀양이었으므로 이는 당연한 조치였다.

이날 먼저 할복을 한 시미즈 겐자에몬의 친척에게 "(섬으로의 귀양에 대해서는) 그렇게 할 필요가 없다. 가문의 격을 오코쇼오구미御小姓與로 강등한다"라는 언도가 내려졌다.

구마모토 헤이타, 구마모토 군로쿠, 모리야마 큐에몬, 카츠베 군키의 친척들도 호출되어, "가문의 격, 오코쇼오구미로 강등한다. 시체는 자유로이 처리해도 된다"라는 언도가 내려졌다. 가문의 격은 강등되었지만, 시신은 인수해서 매장하는 것이 허용된 것이다.

한편, 자주적으로 할복을 하여 목숨을 끊은 헤키 고로오타, 오카모토 센에몬, 호리 진자에몬, 코지마 진베에, 오오시게 고로오사에몬 등 5명의 친척들에게는 "가문의 격은 강등하지 않는다. 시체는 자유로이 처리해도 된다"라는 언도가 내려졌다.

똑같이 섬으로의 귀양을 명령받았다하더라도, 내밀히 할복을 명령받은 자와 그렇지 않은 자들에 대한 사후의 조치에는 역시 차이가 있었다.

거물 카바야마치카라樺山主税의 할복

9월 25일, 번의 대감찰관으로부터 카바야마 치카라의 친척 카바야마 곤쥬우로오樺山権+郎와 카바야마 큐다유에게 출두명령이 있었다.

대감찰관은 두 사람에게 '내밀하게'라고 미리 양해를 구하면서, 다음과 같이 언도했다.

> 치카라는 자기 영지에서 감옥을 설치해서 그 안에 들어가 있는 모양인데, 오오토노사마가 생각하는 바가 있으니, 할복을 시켜 보고하도록.

가노家老였던 치카라에 대한 할복명령도 내밀한 것으로, 공식적인 것은 아니었다.

명령을 받은 카바야마 곤쥬우로오는 그날로 이무타로 출발했다.

그리고 같은 달 27일, 카바야마 치카라가 어제 밤에 할복을 했다는 보고서가 친척으로부터 요오닝 타바타 타케에몬田畑武右衛門저택으로 제출되었다. 그것에 의하면, 치카라의 할복은 다음과 같은 것이었다.

급한 용무가 있어 이무타로 간다고 말을 하였기 때문에 번에 휴가원을 제출하지 않은 채로 갔더니, (카바야마 치카라가) 지금은 자기의 잘못을 알게 되어 책임을 지고 할복을 하겠으니, 와키자시를 빌려달라고 해서 거절할 수 없어 빌려 줬더니 자결을 했습니다. 그래서 번의 규칙을 생각할 겨를도 없이 감옥 문을 열고 카바야마 소오베에樺山惣兵衛가 카이샤쿠를 했습니다. 저희들에 대한 처분신청서는 따로 제출하겠습니다.

치카라는 친척으로부터 '급한 용무'가 있다고 들었을 때, 이미 할복을 결심했을 것이다. 찾아 온 친척에게 와키자시를 건네 주도록 부탁한 뒤, 그 와키자시로 배를 갈랐다.

치카라를 감옥에 넣은 것은 오오토노사마 시게히데의 지시에 의해서이었다. 함부로 그 문을 여는 것은 처벌을 당하게 되어 있었다. 그러나 친척으로서는 치카라가 고통스러워 하는 것을 차마 볼 수가 없어 감옥 문을 열어 카바야마 소오베에가 카이샤쿠를 했다는 것이다.

이 보고서가 바로 평정소로 제출되지 않고 타바타 타케에몬저택으로 제출된 것은 그들이 번의 지시도 없었는데 이무타로 가서 감옥 문을 열었기 때문이다.

물론, 할복을 명령한 것은 번 당국이므로, 처분신청서를 제출한 소오베에나 친척들에게 처분이 내려진 일은 없었다.

근사록당은 모조리 처벌

카바야마 치카라에 대한 할복명령이 내려진 9월 25일, 재정담당 서기역御勝手方書役 요츠모토 하치에몬四本八右衛門, 가노실 서기역御家老座書役 우에키 쵸오베植木長兵衛, 출납담당 감찰관蔵方目付 우스키 세이쥬우로오宇宿正十郎, 감찰관 이지치 치쿠에몬伊地知筑右衛門, 동 다카시마 젠노죠오高島

善之丞, 물품담당 부교오御納戸奉行 도쿠나가 토시에몬德永利右衛門, 소바요오 닝실서기역側用人[11]座書役 미야케 진베에三宅甚兵衛, 주군 칼 담당 이치라이 쇼오조오市来正蔵, 조시칸 서기역보좌造士館書役助 소노다 칸에몬園田勘右衛門 등 9명에게 '면직 후, 핍색'이 명령되었다.

이지치 이베에伊地知猪兵衛, 후루카와 곤조古川権蔵, 노자키 겐스케野崎源助, 이지치 키산지, 이지치 쇼오쿠로오伊地知正九郎, 코다마 지로오베에児玉次郎兵衛, 혼다 마고쿠로오本田孫九郎 등 7명에게는 핍색이 명령되었다.

26일에는, 마츠자키 젠파치로오松崎善八郎, 혼다 스케노죠오本田助之丞, 고오리야마 곤스케郡山権助, 니시카쿠 다유西覚太夫, 소기 후지타로오曾木藤太郎, 나라하라 스케자에몬奈良原助左衛門, 우스키 쥬우지로오宇宿十次郎, 나가타 사이치로오永田佐一郎, 아리마 이치로오有馬一郎, 사타케 지로오에몬佐竹次郎右衛門 등 10명의 친척들이 고요오닝실로부터 내일 아침 출두하도록 명령을 받았다. 이때, '물론 소홀한 행동을 하지 않도록 이야기 할 것'이라는 취지의 명령도 받았다. 번으로부터의 출두명령에 절망을 해서 쉽게 배를 가르지 않도록 주의를 받았던 것이다.

27일, 이들 10명에게는 섬으로의 귀양이 언도되었다.

이날, 평정소로 출두명령을 받고 있던 오가미 진고사에몬은 이미 기술한 것처럼, 전날 저녁 무렵에 할복을 했다. 진고사에몬은 시미즈 겐자에몬의 자형이며, 처벌을 벗어날 수 없다는 것을 깨닫고 있었는지도 모른다. 평정소로부터는 마찬가지로 시체검시관을 파견했다.

한편, 시마즈 타쿠미, 시마즈 히코다유, 시마즈 우헤이타島津右平太, 코오노 야스노에몬河野安之右衛門, 츠즈라바라 슈에몬黒葛原周右衛門, 와카마

---

11) 에도막부의 직책명. 장군을 가깝게 모시며 로오주의 상서 등을 전달하여, 가부의 의견을 개진하는 요직이었다.

즈 헤이하치若松平八, 요시다 키헤이지吉田喜平次, 코다마 하후리児玉祝人, 하치다 코오노신八田孝之進, 야기 코오지로오八木孝次郎, 아이코오 한조오愛甲半蔵, 니시카와 겐파치西川源八 등 12명에게는, '면직 후 출가'가 명령되었다. 이는 이들의 신분이 높았기 때문이다.

사료에 남기지 않으려고 증거인멸공작을 하다

사츠마번은 번의 재정난 때문에 각 번사들로부터 녹봉 1석당 5승升의 쌀을 공출하도록 명하고 있었다. 이 재정난은 장군 이에나리家斉의 부인 시게코茂子에 대한 송금과 시게히데의 낭비에 기인하는 바가 커서, 소위 말하는 '에도비용江戸御続料'의 삭감이 카바야마 등이 실행하고자 했던 개혁의 포인트였다.

시게히데는 근사록당에 미증유의 대량처분을 명령한 후에, 번사들에 대한 회유책으로서 인지 에도비용의 1만 냥 삭감을 명령하고, 나아가 5승공출미를 3승으로 감했다.

그러나 한편으로, 번사로부터 5년간에 한해서 1문(몬메匁)[12]의 갹출을 명령하고, 그 돈으로 에도, 경도, 오사카의 상인으로부터 빌린 돈의 이자를 갚는 데 충당하고자 했다.

9월 29일, 사츠마번 가노家老 에이 시나노는 번사에 대해서 다음과 같은 공문을 하달했다.

카바야마 치카라 · 치치부 타로오가 재직 시 취급했던 안건은 전부 필요 없다는 명령을 받았으며, 장부 등도 전부 소각하도록 명령을 받았기 때문에, 모든 관청에서는 상기 두 사람이 지시한 사안에 대해서는 장부 등을 소각하도록 명령한다.

---

12) 에도시대 은화의 단위. 금1냥金一両은 은銀 50-80문(몬메).

카바야마와 치치부가 정권을 잡고 있었을 때의 서류는 전부 소각하도록 명령되었던 것이다. 그러한 서류가 남아 있을 경우에는, 훗날의 역사가가 조사를 하면 적어도 카바야마 등의 정책에 그렇게 부조리한 면이 없었다는 것이 명백하게 밝혀지게 될 것이다. 그 때문에 이러한 조치가 취해진 것이다.

실재로 현재 이 사건의 성격을 조사하려고 해도 중요한 사항에 대해서는 분명히 알 수가 없다. 그 이유는 사츠마번의 사료 중, 번정사료의 대부분이 명치시대에 소각되었기 때문인데, 만약, 그 사료가 남아 있다고 하더라도 이 사건에 관해서는 그다지 관계 사료가 없었지 않았나 생각된다.

사츠마번 연구의 근간을 이루는 이지치 스에야스伊地知季安·스에미치季通 부자가 편찬한『사츠마구기잡록薩摩舊記雜錄』도, 이 사건에 관한 사료는 거의 수록하고 있지 않다. 그 이유는 그들이 치치부 스에야스의 자손이었다는 것이 크게 작용했겠지만, 수록하고자 해도 관계 사료의 대부분이 소각되었던 것이다.

이 절에서 기술한 사실史實은 앞서 언급했듯이, 카바야마·치치부 등의 정적인 야마모토 마사요시가 남긴『문화붕당실록』에 의존하고 있다.

카바야마 등과 대립하고 있었던 자였던 만큼 그의 기록은 주의해서 보아야 하겠지만, 대체로 공평한 태도로 서술하고 있다고 할 수 있다. 이는 야마모토가 고증주의 역사가였다는 점에 기인하는 것일 것이다.

어쨌든 '근사록당 탄압'시의 번의 공식처분은 최고가 섬으로의 귀양이었는데, 시게히데의 비공식적인 지시 하에, 적어도 5명에게 할복이 강요되고, 결과적으로는 13명이나 배를 갈랐다. 아무리 이치에 맞지 않더라도 주군으로부터 죽음을 하사받았을 때에는 거부할 수가 없었던 것이다.

칼럼

서양인들이여, 일본남자의 할복을 보라!

1868년(명치원년) 정월, 구 막부군은 토바·후시미전투에서 패배하고, 도쿠가와 요시노부는 군함 카이요오마루開陽丸를 타고 에도로 도망쳤다. 그러자 조정은 사츠마번에게 오사카를, 초오슈번에 효오고를, 도사번에 사카이堺의 단속을 명령했다. 명령을 받은 도사번은 6번 보병대와 8번 보병대를 사카이에 파견해 경비를 시켰는데, 드디어 텐뽀산天保山 앞바다에 정박하고 있던 프랑스군함으로부터 수병이 상륙해서 시중을 횡행하는 사건이 발생했다. 시민들은 공포에 떨었고 노인과 어린이, 부녀자들은 소리치면서 이리저리 도망을 다니고, 상가는 문을 닫고 영업을 정지했다고 한다.

일설에는 프랑스 수병이 절이나 신사에 들어가 보물을 가져가거나, 인가에 쳐들어가 물품을 약탈했다고도 전해지는데, 사카이는 개항장이 아니었기 때문에 외국인들에게 익숙하지 않아 소동이 벌어진 것이라고 생각된다.

도사번의 보병대 대장은 배로 돌아가도록 프랑스 수병에게 명령했지만, 말이 통하지 않아 사태가 해결되지 않자, 하는 수없이 체포하려고 하는 순간, 프랑스 수병은 도사번병의 부대 깃발을 빼앗아 달아나려고 했다. 도사번병들은 격분해 뒤쫓아가서 깃발담당인 토비가시라鳶頭 우메키치梅吉가 프랑스 수병의 머리를 토비구치鳶口[13]로 내리쳤고, 보트端舟로 본 함으로 도망을 친 수병들에게도 발포를 해, 결국 13명이

---

13) 막대기 끝에 쇠갈고리가 달린 소방용구.

나 되는 사망자를 내었다.

이 소식을 들은 프랑스공사 레온·롯슈는 신정부에 대해서, 병사들을 지휘하고 있었던 장교 2명과 프랑스인을 살해한 병사 등 총 20명의 참수, 배상금의 지급, 도사번주의 사죄 등을 요구했다. 아직 구 막부군은 건재했고, 정권의 기반이 갖추어져 있지 않던 신정부는 이 요구를 수락하지 않을 수 없어, 도사번에 대해서 20명의 처형을 명령했다.

도사번에서는 보병대의 대장 2명 외에, 대원들 중에서 추첨으로 18명을 선발해, 할복을 시키기로 했다. 20명은 경비에 임했던 자신들은 정당하다고 주장했지만, 국가를 위해서라면 배를 가르겠다고 동의를 했다.

그리고 2월 23일, 20명은 사카이의 묘오코쿠지妙国寺에서 내외의 검시관들이 지켜보는 가운데 할복을 하게 되었다. 삽화에는 할복자 앞에 프랑스 군대가 총검을 받쳐들고 경비에 임해 있는 것이 보인다.

6번 대장 미노우라 이노키치箕浦猪之吉는 프랑스인들을 향해서 "자신이 죽는 것은 너희들을 위해서가 아니라 황국(즉, 일본)을 위해서이다. 일본남자의 할복을 봐라"고 외치면서 배를 갈라 내장을 꺼내어 프랑스인 쪽으로 집어던졌다. 또 2번째로 할복을 한 8번 대장 니시무라 사헤이지西村左平次의 머리는 약 5.5m 정도 날아갔다고 한다. 너무나도 처참한 할복 광경에 공포감을 느낀 프랑스인은 12번째의 하시즈메 아이헤이橋詰愛平의 순서가 왔을 때에 자리를 떴다고 한다. 하시즈메 등은 계속해서 배를 가르겠다고 강경하게 주장했지만 제지당해 9명은 장수했다.

이 사건은 모리 오오가이森鷗外의 소설 『사카이 사건堺事件』의 제재로 사용되어 일본에서는 유명해졌는데, 유럽에서도 할복은 일본인의 자결풍습이라고 일반인에게 널리 알려졌다.

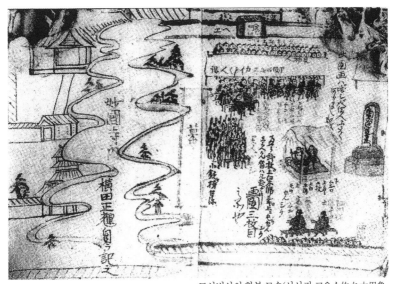

도사번사의 할복 모습(사사키 코오쇼佐々木甲象,
『센슈우 사카이 토번사열거실기泉州堺土藩士烈挙實記』에서 인용, 동경대학 사료편찬소장).

5장
번주와 가신
할복에 숨겨져 있는 신하의 길

1. 무사의 목숨은 주군의 것

번주의 할복명령을 거절한 사무라이

할복을 둘러싼 관념에서 중요한 것은, 가신의 목숨은 주군의 것이며, 주군이 죽으라하면 죽지 않을 수 없다는 무사의 인식이다. 집안소동에 있어 할복자가 택한 행동을 보면 분명한데, 몇 가지의 사례를 소개하면서 좀 더 고찰해보기로 하자.

우선, 가가번 초기의 사례이다. 이나바 사콘因幡左近이라는 무사는 2,000석 정도의 녹봉을 받는 마에다 토시츠네前田利常의 슛토오닝出頭人이었다. 슛토오닝이란, 번주를 가까이서 모시면서 번주의 신임을 얻어 큰 권세를 휘둘렀던 자를 말한다.

마에다 토시츠네의 일화를 수록한 「미묘공어야화微妙公御夜話」에 의하면, 사콘은 번의 대관에 임명되어 노토국을 지배하고 있었다. 근세 초기의 대관들은 일반적으로, '때때로 허락도 받지 않고 마음대로 여러 가지 일들을 지휘'하곤 했다고 한다. 맡겨진 영지 내의 정치나 연공수납 등을 자기의 판단으로 행하고 있었던 것이다.

토시츠네도 대관업무는 사콘에게 전부 일임하고 회계보고를 듣는 일 조차 없었다.

그런데 만약 사콘에게 회계에 대해 물어본다면 대답을 하지 못하리라는 등의 소문이 퍼지게 되었다.

그리고 실제로 부정을 저지른 것이 보고가 된 것인지, 토시츠네가 사콘에게 회계에 대해서 물었다. 그러자 사콘은 보고를 할 수 없다고 상신했다. 토시츠네는 이 대답이 부정의 증거라고 생각하고, 1640년 사콘에게 할복을 명령하였다.

그러나 사콘은 그 명령을 거부하고, "부정한 일은 없으므로 할복을 할 수가 없습니다. 만약 토벌대를 파견하신다면, 한판 크게 싸우다가 전사하겠습니다"라며, 동생인 우에몬宇右衛門과 함께 저택에서 농성을 하였다.

세자若殿樣를 위해서라면

사콘이 저택에서 농성을 하기 시작했을 때, 토시츠네는 참근교대로 에도에 있었으며 번에는 가문을 상속하여 새 번주가 된 적자 미츠타카 光高가 있었다. 미츠타카는 사콘에게 사자를 보내어 다음과 같이 전달하고 있다.

> 미묘원님(微妙院樣, 마에다 토시츠네)의 뜻을 거스르게 된 일은, 뭐라 말할 수 없이 안타깝구나. 나의 부탁이라 생각하고 할복을 하도록.

토시츠네의 뜻을 받들지 못한 것은 안타깝게 생각하지만, 주군의 뜻을 받들지 못한 것 자체가 할복의 이유가 된다는 논리이다.

이 사건에 대해서는 훗날 만들어진 「미츠보기三壺記」에 보다 상세하게 기록되어 있다. 사료의 신뢰도는 떨어지지만, 에도시대 중기의 발상법을 엿볼 수 있는 것이므로 인용해둔다.

그대의 죄과에 대해서 나는 모른다. 몇 년 전에 토시츠네공에게 대항을 했는데, 토시츠네공은 지금은 아무 말씀도 없이 그대로 있다가 곧 은퇴를 하신다. 나는 이미 가문을 상속해서 가나자와에 입성을 했다. 토시츠네공의 분노를 풀어드리지 않으면 불효 죄를 범하게 된다. 죄의 경중에 대해 토시츠네공에게 여쭙기에는 저어된다. 어찌했던 그대의 목숨을 나에게 주게. 불쌍하게 생각은 되지만, 속히 할복을 하도록.

미츠타카는 사콘이 범한 죄의 경중을 판단하는 일 없이 단지 토시츠네의 분노를 가라앉히기 위해서 할복을 명한 것이다. 이유는 사콘이 아버지 토시츠네에게 대항을 했다는 것 뿐 이었다.

그렇다면 할복이라는 처분은 너무나도 가혹하다고 해야 하겠지만, 미츠타카는 불쌍하게 여긴다고 하면서, "그대의 목숨을 나에게 주게" 라고 명령을 한 것이다.

이와 같은 갑작스런 할복명령에 사콘은 다음과 같이 말씀드린다. 다음 사료는 「미묘공어야화」에 실려 있는 것이다.

새 주군님의 분부이니 조금도 거스를 생각은 없습니다. 그러하시다면 할복하겠습니다.

윤색이 많이 되어 있는 「미츠보기」에는 다음과 같이 조금 상세하게 기록되어 있다.

정말로 감사한 말씀입니다. 아버지의 명령을 중요하게 여겨 효도를 하고자 하신다면, 저의 목숨을 바치는 것은 감사한 일이며, 또한 바라는 바이기도 합니다.

이러한 사콘은 등목을 한 다음, 할복의 명령을 전달하러 온 사자에게 고생했다고 위로하고 일례를 한 다음, 깨끗하게 할복했다고 한다.

번주라는 존재의 무게

사콘의 부정이 과연 사실인지 여부는 여기서 중요하지 않다. 사콘에게 할복을 명령한 미츠타카도 그러한 것은 문제로 삼고 있지 않다. 미츠타카에게는 사콘이 토시츠네의 뜻을 거슬렀다는 것, 다시 말하면 아버지의 기분을 상하게 했다는 것이 이미 배를 가르게 할 이유가 되어 있었던 것이다.

그리고 사콘도 나름대로 서로 통하고 있다고 생각하고 있었던 토시츠네에게는 반항하는 자세를 보였지만, 새로 번주가 된 미츠타카의 명령에는 순순히 따르고 있다. 주종 간에 특별한 관계가 없으면, 번주의 의향 그 자체가 법이 되는 것이었다.

물론, 아직 전국시대의 분위기가 남아있던 칸에이기(寬永期, 1624-1644) 때의 사건이므로, 미츠타카도 단지 사자를 보내어 할복을 명령한 것만으로 사태가 끝나리라고는 생각하고 있지 않았다. 그 날, 미츠타카는 매사냥 간다고 하면서 근위무사 전원과 경비 책임자, 기타 사무라이들을 소집해서 사콘의 저항에 대비를 했다. 만약에 사콘이 사자를 베기라도 하면 즉시 병사들을 출동시켰을 것이다.

그러나 번사들에게 있어 번주의 의향은 무엇과도 바꿀 수없는 무게를 지니고 있었다. 미츠타카가 자신을 화해시키는 일 없이, 아버지 토시츠네의 의향을 효도라는 관점에서 관철시키려고 했을 때 사콘은 저항할 기분을 상실하고 있었던 것이다.

그리고 에도시대의 번사들은 이와 같은 역사적 선례를 아무런 의문도 없이 받아들였던 것이다. 번주의 의향은 그만큼 무거웠던 것이다.

할복이 재미있을 리 없다

사콘의 마지막에 대해서는 「회혜야화懷惠夜話」에 다음과 같이 기록되어 있다.

사콘이 할복을 한 때는 봄이어서 정원에 벚꽃이 활짝 피어 있었다. 할복장소로 나가려다 꽃을 쳐다보며, "꽃은 화창하게 피어 있지만, 이제 곧 할복을 한다고 생각하고 보니, 보통 때와 같은 감흥이 일어나지가 않는구나"라며 주위에 있던 사람에게 말했다.

이 일화에 대해서 "죽음을 눈앞에 두고 꽃을 보는 것이 즐겁다고 하는 것은 있을 수가 없다. 어떠한 강병, 용감한 무사라도 죽음이 재미있을 리는 없다. 사콘의 말은 있는 그대로의 말로서 오히려 평가할만하다"고, 훗날 평가를 받고 있다.

에도시대의 무사라도 인간이다. 강한 채 하는 것이라면 몰라도, 자신이 원해서 배를 가르는 것도 아닌데, 재미있을 리는 없다. 아무리 벚꽃이 활짝 피어있더라도 늘 보는 벚꽃과는 달랐을 것이다.

어쨌든 에도시대의 무사들에게 있어 할복은 번주가 마음먹기에 따라 명령을 내릴 수 있는 것이라는 것을 먼저 지적해두고자 한다.

냇가의 변사체

다음은 아이즈번의 사례이다. 1652년 정월 10일 아침, 아이즈의 혼니노쵸本二ノ丁에 있는 스즈키 모쿠노스케鈴木杢助저택 앞 냇가에, 야스타케 타로오에몬安武太郎右衛門이라는 아이즈번사의 변사체가 발견되었다

(『아이즈번가세실기会津藩家世実記』).

근처에 사는 기타하라 우네메北原采女의 신고에 의해 번 당국의 조사가 시작되었다.

타로오에몬은 마치노 곤사부로오町野権三郎라는 번사와 남색 관계에 있었으며, 그러한 관계자 중에 몇 명이 검거되었다.

그러나 이들을 심문해도 결정적인 단서도 없고, 타 지역 사람의 소행일지도 모른다는 생각에 사건은 미궁에 빠져들기 시작했다. 더욱 더 엄격하게 심문을 하면, 많은 번사들을 연루시키게 될 것이고, 그러다 보면 죄 없는 자까지도 처벌하게 될 지도 모른다.

그러나 보고를 받은 번주 호시나 마사유키는 이 사건은 이웃 번은 물론이고 에도까지 소문이 날 수 있는 사건이므로, 어떻게 하든 결말을 보도록 지시를 했다. 그렇지 않으면 아이즈번의 조사는 그 때뿐이라고 소문이 나게 되어, 엄격한 무사도로 유명한 아이즈번으로서는 수치였던 것이다. 이러한 번주의 명령에 따라 다방면으로 더욱 더 조사가 행해지게 되었다.

그때까지는 타로오에몬 살해에 대한 조사였다. 그러나 이번에는 용의자의 일상생활 전부가 조사의 대상이 되었다.

그 때문에 예를 들면, 마치노 곤사부로오는 성의 해자에 그물을 쳐서 물고기를 잡았다느니, 개를 죽여서 친구끼리 요리를 해먹었다느니 하는 것 등이 문제가 되었다. 다른 용의자들도 돈을 걸고 화투를 쳤다든지, 밤에 성문 밖으로 나갔다든지, 스모를 구경하러 갔다든지 하는 불법행위가 발각되었다.

이들 용의자들은 그 누구도 타로오에몬살해를 인정하지 않았다. 그러자 번 당국은 타로오에몬이 자주 출입을 하고 있었던 번주 수행원 미야모토 시로오사에몬宮本四郎左衛門이 가장 수상하다고 여겼지만 그도 살해 혐의를 부인했다.

의심스러운 자는 처벌하라

한편, 이상과 같은 보고를 받은 번주 호시나 마사유키는 다음과 같이 명령을 했다.

평소의 소행 이것저것을 봐서, 비록 살인자는 아니더라도 처벌을 받아야 하는 자이므로, 시로오사에몬은 참수를 하도록.

살인범이든 아니든 관계없이, 위와 같은 번사는 처형을 하라는 것이다. 이러한 번주의 의견에 따라 번 당국은 시로오사에몬에게 할복을 명하기로 했다. 참수가 아닌 할복이었던 것은 번 당국의 그나마의 온정이었을 것이다.

그리고 할복을 명령받은 것은 시로오사에몬만이 아니었다. 번 당국은 시로오사에몬을 비롯해 의심스러운자 5명 전원에게 할복을 명하고, 관련된 많은 사람들에게 추방형 등의 처분을 내렸다.

개를 죽여서 먹었다든가, 도박을 했다는 행동에서 알 수 있듯이, 그들은 소위 말하는 '카부키모노'라는 무뢰한들이었다. 남색 관계는 그들 사이에서는 당연한 것이었으며, 그것이 또한 싸움의 원인이 되기도 했던 것이다.

그러나 그것과 야스타케 타로오에몬 살해와는 별개의 이야기이다. 번주의 의향에 따른 엄벌이기는 하지만, 오늘날의 법의식에서 본다면 억울한 죽음이라고 밖에 할 수가 없다.

한편, 가장 의심스러운 자라고 지목되었던 미야모토 시로오사에몬은 아베이 마타사에몬의 저택에 위탁되었다. 그는 할복할 때에 다다미를 더럽히면 마룻바닥(네다根太)의 청소도 힘드니까라며 마당으로 나가, 툇마루에서 두 번째의 징검돌에 앉아서, 처음에는 팔자八字로 배를 가르고, 그 다음에는 한 일자로 갈랐다.

마타사에몬이 그것을 지켜보고 말했다.

"시로오사에몬, 보기 흉한 할복방법이다. 주군에 대해 뭔가 원한이라도 있어 그렇게 가르는 것이냐"

시로오사에몬은 "물론, 보기 흉하게 배를 갈라서 미안하다"며 사죄하고 있지만, 이렇게 배를 가르는 데에는 주군에 대한 항의의 의미가 포함되어 있다고 보아야 할 것이다.

그러나 그러한 항의도 겨우 배를 작법대로 가르지 않는다는 데 그친다. 무사에게 있어 주군이 배를 가르라고 하면 그것에 따르지 않을 수 없었던 것이다.

2. 길들여진 무사들

무사라는 것은 주군을 위해 죽는 존재이다

무사는 죽는 것을 두려워하지 않았다. 그러나 그것이 무사의 장점인 동시에 약점이기도 했다. 무사는 주군에 대해서는 아무리 부조리한 명령이라도 복종하는 습성이 있었다.

에도시대 초기에는 주군과 정면으로 대립해서 전투도 마다하지 않는 무사가 많았다. 후쿠오카福岡번주 구로다 타다유키黑田忠之와 대립을 해 조총에 점화를 한 채로 후쿠오카성을 떠났던 구리야마 다이젠栗山大膳, 혹은 아이즈번주 가토오 아키나리加藤明成와 대립을 해, 성 외곽에서 성을 향해 발포를 하고 아이즈번을 떠났던 호리 몬도堀主水 등 모두가 나름대로 긍지를 가지고 있었다(졸저『관영시대寛永時代』).

이렇게 자립한 무사들의 모습은 후대가 됨에 따라 줄어들게 되었다. 앞 절에서 살펴본 이나바 사콘은 주군 토시이에의 할복명령에는 저항하려고 했지만, 가문을 상속한 새 번주 미츠타카에 대해서는 공순한 태도를 보이고 있다. 물론, 개개의 무사가 막상 할복을 하지 않으면 안 되었을 때에는 저항을 하는 경우도 있었다. 그러나 주위에 있는 사람들이 무리하게라도 배를 가르게 하고, 주군에 저항했다는 사실을 숨겼다. 이렇게 하여 주군은 가신들에 대한 생살여탈권을 가진 권력자로서 계속 존재했던 것이다.

이와 같은 주군절대의 관념이 근세무사도의 특징이다. 원래 무사의 인생은 '꼭 한 번은 주군을 위하여 유용하게 쓰이기' 위한 존재였다(大道寺友山,『武士道初心集』). 무사는 주군의 필요에 유용하게 쓰이기 위해 존재하는 사람으로서, 만약 그의 생명을 주군에게 바칠 수가 있다면 오히려 행운이라고 말해야 할 것이었다.

물론,『무사도 초심집』에서 이야기 하는 것은 주군을 위해 목숨을 버릴 그때가지는 하찮은 일로 목숨을 버리지 않도록 하라는 가르침이 주안이었다. 그러나 그러한 통속적인 가르침이라도 무사의 목숨은 주군을 위해 있다는 원칙만큼은 견지하고 있다는 것을 잊어서는 안 될 것이다.

도마 위의 사무라이

이러한 무사는 주군을 위해서라면 배를 가르는 것도 사양치 않았으며, 주군이 배를 가르라고 하면, 친척이든 친구든 관계없이 억지로라도 배를 가르게 했다. 이것을 '츠메바라詰腹'라고 한다.

저항이 예상될 경우에는 주군이 직접 살해를 명령한다. 이것을 '죠오이우치上意打ち'라 한다. 막말, 사츠마번주 시마즈 타다요시島津忠義의 생부 히사미츠久光가 급진파 가신家臣들을 살해하도록 명령한 테라다야寺田屋사건 등은 바로 이러한 죠오이우치였다.

우지이에 미키토氏家幹人 씨는 『오오에도잔코쿠모노카타리大江戸残酷物語』 속에서 '츠메바라'의 사례를 구舊 막부 신하인 혼다 스스무의 담화 중에서 발굴하고 있다(『도복에 관한 사실屠腹=関スル事実』).

> 그 당시의 제도로서는 법도에 저촉되는 자는 마치부교오의 손에 넘겨져, 죄인 취급하는 것이 제도였는데, 히토츠바시가一橋家 중에서 그러한 죄인을 내는 것은 명예에 관련되는 일이므로, 마치부교오의 귀에 들어가기 전에 배를 가르게 하는 것이 좋다고 해서, 저희들은 시체검시를 위해 참석했습니다. 그자는 농병農兵이었습니다. 동료들이 모여들어서 배를 가르라고 말하지만, 농병인 관계로 전혀 말귀를 알아듣지 못하고 있었습니다. 나는 죽을 짓을 하지 않았습니다라고 주장하기에 마침내 여럿이 모여들어 살해했습니다.

포병에 근무하고 있던 이 농병에게 어떠한 잘못이 있었는지는 알 수 없으나, "나는 죽을 짓을 하지 않았습니다"라고 주장하고 있는 만큼, 큰 잘못을 저지르지는 않았을 것이다. 그러나 죄인을 내는 것이 명예에 관련된다고 하는 무사의 발상으로서는, 문제가 공식적으로 되기 전에 어떻게든 배를 가르게 하는 것이 중요한 것이었다.

마찬가지로 혼다 스스무의 담화 중에는 비슷한 사례로, 무사라면 어떻게 해야 하는가에 관한 좋은 사례가 있다.

마지막 장군, 도쿠가와 요시노부가 우에노의 칸에이지寬永寺에 근신 중에 야마오카 텟슈우山岡鉄舟의 부하 한 명이 우에노의 야마시타山下 부근의 술집에서 무전음주를 했다. 텟슈우가 "안됐지만, 이자는 죽이지 않을 수 없다"며 호출하여 "그대는 무전음주를 했다. 심히 좋지 않으니 할복을 명한다"고 언도했다. 그러자 그자는 20세 미만의 젊은이 였는데, 다음과 같이 행동을 했다.

> 한 마디 듣고서는, 잘 알았습니다. 할복을 하죠라며 조금도 주눅이 드는 일 없이 그날 저녁, 동료의 검시 하에 멋지게 배를 가르고 죽었다.

상사로부터 할복을 명령받으면, 도마 위의 생선처럼, 순순히 배를 가르는 것이 무사였다.

아무리 그렇다고 해도, 두 사례 모두 "배를 가르게 하는 것이 좋다" 또는 "죽여야 한다"라는 상사의 판단으로, 너무나도 간단히 할복을 명 령하고 있다는 점에 주목을 할 필요가 있다. 이러한 판단은 주군의 기 분을 추단하는 상사의 판단에 달려있다는 것이다. 상사의 말은 즉 주 군의 말이라고 이해되었던 것이다.

무사사회의 계층제

무사는 주군을 위해 존재한다. 윗사람의 말은 주군의 의중을 대변하 는 것으로 생각되어졌으며, 윗사람으로부터 죽으라고 명령받으면, 주 군을 위해 죽지 않으면 안 되었다. 하찮은 상사라도 부하에게 있어서 는 주군을 대신하는 몸이며, 그의 말은 주군의 말과 같은 것이었다.

이러한 일은 에도시대의 무사에게 있어서는 상식에 속하는 일이었다. 그 때문에 에도시대에는 장군은 말할 것도 없고, 번주는 특별한 존재였다. 에도시대를 통하여 번주 자신이 칼부림사건을 일으키지 않는 한, 실정을 하거나, 품행이 바르지 못하여도, 그 책임을 지고 배를 가르는 일은 없었다.

번주가 독특한 개성을 가지고 있어 그 대로 방치하다간 번의 존속이 위태로울 때는, 가신들이 주군을 감옥에 가두고, 신 번주를 옹립하는 '주군 구속主君押し込め'이라는 관행이 존속했다는 것은 알려져 있지만 (笠谷和比古, 『主君押し込めの構造』), 그 경우라도, 번주에게 할복을 강요한다든지 살해하는 등의 일은 전혀 고려되고 있지 않았다.

여러 번에서 대대로 가노家老를 역임하는 가문도 번주에 준하는 권위를 가지고 있었다. 따라서 개개 정책의 실패는 가노家老가 책임을 지는 일없이, 직접 정치를 담당한 관리가 책임을 진다. 제3장 4절에서 언급한 것처럼, 번찰발행이 결국은 실패로 돌아갔을 경우에, 책임을 지는 것은 그 정책을 용인하고 실시한 가노家老가 아닌, 정책을 상신하고 담당자로 임명된 총괄자였다.

그러나 번주의 책임이 추궁당하는 사태가 발생하면, 가노家老가 대신해서 번주를 지키게 된다. 막말, 제1차 초오슈전쟁 때에 할복을 함으로써 초오슈번을 구한 것은 3명의 가노家老였다.

초오슈번을 구한 세 명의 가노家老

1864년 7월 19일, 초오슈번은 경도에서의 주도권을 탈환하기 위하여 궁궐御所을 공격하였다. 이때, 번주 모오리 요시치카毛利慶親(후일 타카치카敬親)의 세자 사다히로定弘(후일 모토노리元德)도, 이와쿠니岩国번주

요시카와 켄모츠(吉川監物, 츠네모토経幹)도 함께 경도로 향하고 있었으며, 이 거사는 번주도 승인한 일이었다.

그러나 초오슈번은 궁궐의 여러 문을 경비하는 아이즈번이나 사츠마번에게 격퇴를 당한다. 게다가 8월 4일, 작년에 시모노세키해협에서 외국선을 포격한 사건에 대한 보복으로 미·영·불·란 4개국함대가 시모노세키에 포격을 가해 초오슈수비대는 완패를 당했다.

막부는 위신을 회복하기 위하여 오와리번주 도쿠가와 요시카츠德川慶勝를 초오슈정벌의 총독에 임명하고, 36번에게 동원명령을 내리고 초오슈번을 공격하기로 결정했다. 이러한 가운데, 초오슈번에서는 좌막파가 세력을 만회하여, 마스다 우에몬노스케益田右衛門佐·후쿠하라 에치고福原越後·쿠니시 시나노国司信濃 등 3명의 가노家老에게 책임을 지게 해야 한다는 의견이 주류를 이루었다.

'금문의 변'을 전하는 인쇄물(카와라반瓦版)(오노 히데오 콜렉션·동경대학 사회정보연구소장).

이러한 움직임에 따라 번주 요시치카는 조정에 다음과 같은 상소문을 올렸다.

지난 달 19일의 사건(금문의 변)에 대해 저는 황공하기 그지없습니다. 마스다 · 후쿠하라 · 쿠니시 등 3명의 가신은 저의 자중하라는 명령을 어기고, 망명당ㄴ 命薰의 수괴가 되었습니다. 그들의 죄는 너무나 큽니다. 따라서 3명을 유폐시키고 후명을 기다리게 하고 있습니다.

전적으로 번주의 책임회피처럼 보이지만, 당시에는 이것은 지극히 당연한 일이었다. 호리야마 히사오堀山久夫 씨는 이 상소문에 대해서 다음과 같이 서술하고 있다(『国司信濃親相伝』).

신하는 어디까지나 군주를 지키기 위한 존재이며, 목숨은 군주에게 바친 존재이다. 평소 번주로부터 녹을 받는 번신으로서는 그것은 의무이자 책무이다. 그러한 것은 번주가 강요하는 것은 아니며, 그렇다고 본인이 제멋대로 결정하는 것도 아닌, 자연스럽게 그렇게 되는 무사도武士道 번정 하藩政下에서의 절대적인 신하의 도리이다.

이 지적은 당시의 관념에서 본다면 정곡을 찌른 말이다. 마스다 등 세 명의 가노家老도 강요에 의해서 배를 가른다는 의식은 없이, 당연하다는 듯이 할복을 수용하고 있다. 애초부터 전투에 참패한 그들이 살아서 번으로 돌아간 것도, 할복을 해서 마지막 봉사를 하기 위한 것이었다고 생각된다.

8월 2일, 번은 세 명의 가노家老에게 다음과 같은 명령을 전달했다.

(번주의) 생각에 부합되지 않는 점이 있음으로, 직책을 교체한다. 이 점, 전달하도록 하라는 명령입니다.

가신은 (번주의) 생각에 부합되지 않는 점이 있다면, 직책에서 면직되든지, 할복을 명령받든지 조용히 복종하지 않으면 안 되었던 것이다.

한편, 요시카와 켄모츠는 금문의 변은 요시치카 부자는 전혀 모르는 일이므로, 관대한 처분을 바라는 탄원서를 히로시마번주를 통해서 제출했다.

초오슈토벌군 측에서는, 참모로 참가하고 있던 사츠마번의 사이고 키치노스케西鄕吉之助(후일 타카모리隆盛)가 초오슈번에 호의적인 태도를 가지고 관계개선에 노력했다. 그 결과, 세 명의 가노家老의 할복을 전제로, 요시치카 부자의 사원칩거와 자필 서명한 사죄장의 제출 등 3개항을 받아들인다면 죄를 용서한다는 화평조정안이 성립되었다.

세 명의 가노家老는 도쿠야마번德山藩에 유폐되었다. 마침내 할복이 결정되었을 때, 초오슈번의 여러 부대의 지사들은 세 가노家老의 사면을 진정하거나, 탈환을 시도하려는 기색도 있었지만, 11월 11일, 마스다는 도쿠야마의 소오지인總持院에서 쿠니시는 쵸오센지澄泉寺에서 예정을 하루 앞당겨 할복했다. 후쿠하라는 12일, 도쿠야마번주의 친형이었기 때문에 이와쿠니로 이송되어 그곳의 류우고지龍護寺에서 할복했다.

후쿠하라가 50세, 마스다가 32세, 쿠니시는 23살의 젊은 나이였다. 세 명의 가노家老는 할복을 함으로써 주군을 지키고, 나아가서는 초오슈번사 전체를 지켰던 것이다.

그리고 하기萩성하의 노야마野山감옥에 투옥되어 있던 시시도 사마노스케宍戸左馬之助・나카무라 쿠로오中村九郎・타케우치 쇼오베에竹内正兵衛・사쿠마 사헤에佐久間佐兵衛 등 참모격의 번사 네 명은 세 명의 가노家老의 할복에 때맞추어, 11월 12일 참수를 당했다. 가노家老만큼 높은 가문이 아닌 그들은 무사로서의 처분조차 허용되지 않았던 것이다.

번의 의사결정

한편, 카사야 카즈히코 씨는 번에서의 의사결정에 즈음해서 '지분持分'적 구성이라는 개념을 제기했다(『근세무가사회의 정치구조近世武家社會の 政治構造』).

하나의 조직체로서 다이묘가(번)의 의사결정은 그들 각 개인, 각 계층의 가신 · 관리가 각각 가지고 있는 지분에 따른 결정력의 합산 · 비교 가운데서 행해지는 것이며, 주군이 특정한 의사를 표명하더라도, 다른 신하들의 지분의 총합이 주군의 지분을 상회할 때에는 자신의 의사를 철회하지 않을 수 없게 된다고 볼 수 있을 것이다.

번의 의사결정에 가신의 의향이 반영되는 것은 당연하다. 그러나 에도시대의 특징은 가령 반대의견일지라도, 그것은 '주군을 위해서' 반대한다는 논리를 취한다는 것이다. 평시의 의사결정은 종종 번주의 신임을 받는 가노家老에 의해서 이루어지지만, 그것은 가노家老의 지분이라기보다는 번주의 대리인으로서의 자격에 따른 것이었다.

따라서 카사야笠谷 씨가 주장하는 번주가 50이고, 일문一門 · 가노家老가 각기 6, 일문一門 · 가신家臣 전체가 250이라는 수치는, 잠재적인 지분으로서 이해하는 것은 가능하겠지만, 에도시대의 특질을 정확히 반영시킨 것이라고는 말하기 어렵다. 이념적으로는 번주의 지분이 100%이며, 평시에는 그것이 일문 · 가노家老 이하에 위임되어 있다고 생각하는 것이 옳을 것이다. 그런 경우라도 형식적이기는 하지만, 최종결정은 번주에게 맡겨진다. 그것은 지금까지 살펴본 할복이 반드시 번주의 재가를 얻은 다음 행하여졌다고 하는 점을 생각하면 이해될 것이다.

가신의 존재를 가능하게 하는 것은 주군으로부터 받은 봉록(치교오知

行)이다. 주군이 없어지게 되면, 아코오번赤穗藩의 경우처럼 가신들도 낭인이 되지 않을 수 없다. 다시 말하면, 가신들의 지분을 지키고 있는 것은 번주의 존재 그 자체였던 것이다.

카사야 씨가 말하는 조직의 의사결정에 있어 지분적 구성은 오늘날의 회사조직에는 확실히 적용된다. 오늘날의 회사조직을 번에 치환해서 이론화한 것이라고 말한다면 지나친 생각일까.

계속 이용된 '할복'이라는 수단

할복은 죄나 책임을 보상하는 수단이었다. 그것은 무사신분의 자립성을 전제로 성립한 처벌방식이었다. 무사는 자기에게 책임이 있다고 인식을 하였을 때에는, 자발적으로 배를 갈랐으며, 또한 확실한 죄가 없을 때라도, 추궁을 당하여 강제로 배를 가르게 되는 경우(츠메바라)도 있었다.

누군가가 할복을 하면 그 사건은 종결된 것으로 여겨지니, 안이하게 부하에게 배를 가르게 하는 일도 있었을 것이다. 개별적인 무사의 책임감에 의존하면서 살아남은 상사도 있었을 것이다.

개별적인 무사의 할복은 번주를 정점으로 하는 번 사회를 지키기 위해 행하여졌다. 죄나 불상사의 책임은 당사자의 할복에 의해 지는 경우가 대부분이었으며, 윗사람이 관리책임을 추궁당하는 경우는 아주 드물었다.

근대가 되어서 무사도는 군 조직에 이식되었다. 그 때문인지 군대는 전략이나 전술책임을 현장에 있는 병사나 사령관의 탓으로 하는 경우가 많았다. 노몽한사건[1]에서 현지 사령관에게 자결이 강요된 사례 등

---

1) 1939년 5-9월 사이에 노몽한(Nomonhan: 몽고동부, 중국과의 국경 근처에 있는 도시)에서

은 그것을 명확히 나타내고 있다. 전전의 광신적이라고도 할 수 있는 '무사도정신'은 윗사람의 책임을 아랫사람에게 지우기 위해 이용된 것이었다.

책임을 지고 할복을 한다는 깨끗한 태도는 개별적인 인간의 정신으로서는 아름답다고 생각한다. 그러나 할복이 위로부터 강제되었을 때에는, 윗사람의 보기 좋은 책임회피방편으로서 사용되는 경우가 많다. 오늘날의 일본에서도 그러한 구조는 관료조직이나 사회조직 등에 뿌리 깊게 남아 있는 것은 아닐까.

발생한 일본군과 소련군과의 충돌사건. 소련의 기계화 부대에 압도되어 일본의 관동군정예부대는 대패했다.

맺음말
반복되는 할복

지금까지 할복을 통해서 에도시대의 무사가 특이한 도덕을 강제당하고 있었다는 것을 서술해왔다. 이 책에서 살펴본 다양한 할복은 대부분의 경우 에도시대에 특유한 것이었다. 그러한 할복을 분석하는 것은 에도시대의 사회 질質을 규명하는 것과 연결된다.

이 책에서 얻은 결론은 '무사의 신분적인 긍지'와 역설적이기는 하나 그것을 지탱해온 '주군의 절대성'이라는 것이다. 언뜻 보기에는 서로 상반되는 것 같은 이 두 개의 요소가 밀접하게 서로 연관되어 있었기 때문에 대량의 할복사도 발생했던 것이다.

이러한 할복의 구조는 반드시 과거의 것이라고 할 수가 없다. 오늘날의 사회조직에도 적용될 수 있는 것이다. 특히 2002년은 광우병(BSE) 대책을 위한 재고쇠고기매입제도를 악용해서 수입고기를 국산쇠고기로 위장을 하여 국가로부터 대금을 사취하는 식육회사의 불상사가 발생해, '츠메바라'를 가르게 된 사원과 책임을 지는 중역이 속출했다. 백설 표(유키지루시雪印)식품에서는 미트(meat)영업조달부장이 전무와 상담을 한 다음, 부내의 영업그룹과장이나 관서미트센터장과도 상담을 해서, 불량재고인 수입쇠고기를 국산쇠고기라고 속여 국가가 매입하게 했다. 이러한 짓은 다른 회사에 뒤처지지 않기 위해서 저질렀다고 한다.

이러한 부정행위가 내부고발에 의해 발각되었을 때, 관계자들은 은폐공작을 시도해, 당초는 현장책임자의 독단으로 행해진 일이라고 했으며, 현장책임자들도 그렇다고 주장했다.

결국, 백설표식품은 해산을 했고, 미트영업조달부장은 상사를 비호하는 것을 포기하고, "임원이 관련되면 회사 전체의 범죄가 되어 버린다. 부하의 책임으로 하더라도 회사가 존속되면 하는 수 없는 일이다. 세상 일이 그런 것이라고 생각했다"고, 공판에서 증언을 했다.

그리고 사건이 발각된 후, 허가를 한 전무가 미트영업조달부장에게 "너 때문에 해고당하게 되었어"라며 비난을 했다고 한다(사실관계는 『AERA』 2002년 9월 16일호).이는 자신의 관리책임을 전혀 자각하고 있지 못하는 폭언이다.

만약 이 사건이 에도시대였더라면, 일찌감치 미트영업조달부장이 배를 갈라 사건은 종결되었을 것이다. 죽은 자에게 말은 없다고, 에도시대의 중역은 개개의 부정을 알고 있었다고 해도 책임을 지지 않는다.

그러나 오늘날에는 앞서의 전무의 말이 나타내고 있듯이, 담당임원까지가 책임을 지고 사임하는 것이 주류이다. 에도시대보다는 제대로 되었다고 말할 수 있겠지만, 그러한 만큼 조직적으로 은폐공작이 활발히 이루어질 개연성도 있다.

오늘날의 회사조직은 이론적으로는 주주들을 위해서 존재한다. 또한 회사의 공공적 성격에 주목을 한다면, 소비자나 사원의 생활을 위해 존재한다고 말해도 좋을 듯싶다. 결코 회장이나 사장을 위해 존재하는 것은 아니다.

그런데 일부의 회사처럼 또는 에도시대의 번처럼, 회장이나 사장을 위해 회사가 존재하는 일도 있다. 그럴 경우, 사원뿐만 아니라 중역까지도 회장이나 사장을 위해 배를 가르게 된다. 최근에 세상을 시끄럽게 한 일본햄의 부정사건은 우리들에게 그러한 것을 상기시켜주었다.

수입고기의 상품코드를 국산고기 코드로 고쳐 써서 매입대금을 국가로부터 사취하려한 일본햄의 자회사인 일본푸드의 히메지姬路・도쿠시마德島・에히메愛媛의 영업부장은 어디까지나 고쳐 쓴 것은 개인적인 재량에서 행한 일이라고 주장을 했다. 그러나 당연히 중역의 양해 하에 이루어진 일로서, 필자에게는 회사를 비호하고 있다고 밖에는 보이지 않았다. 필자와 같은 연대인 세 명의 부장은 징계해고 되었는데, 그 모습은 참수된 초오슈번의 네 명의 참모의 모습을 보고 있는 듯했다.

불상사의 책임을 지고, 일본푸드의 사장・전무・상무 등 세 명은 사임하게 되었고, 일본햄에서는 부사장(일본푸드 사장을 겸임)・전무가 사임을 해서 마지막까지 사장을 비호하려고 했다. 그러나 결국은 끝까지 비호하지 못하고, 일본햄의 최고책임자인 오오코소 요시노리大社義規 회장이 명예회장으로, 스즈키 시게오鈴木茂雄 부회장이 최고고문으로, 오오코소 테루치카大社照史 부회장이 상담역으로 강등, 오오코소 히로지大社啓二 사장이 전무로 강등되는 인사가 발표되었다(2002년 8월 21일자『아사히신문』). 일본햄 나름대로의 결단이었겠지만, 이것으로 책임을 졌다고 말할 수 있을지 의문이다.

에도시대라면, 중역인 가노家老가 배를 가르면 주군은 무사했다. 그것을 상기한 것인지, 일본햄에서는 중역이 배를 가르고(사임), 부하를 미련 없이 잘라버리고(징계해고), 주군을 지키려고 했던 것이다. 그러나 오늘날에는 그 정도로는 끝나지 않는다. 다시금 여론의 비판을 받고서, 오오코소 요시노리, 스즈키 시게오, 오오코소 테루치카 등 세 명은 한직으로 밀려났다.

그렇지만 창업자를 최고관리자로 모시고 있는 기업에는 대기업일지라도, 회장이나 사장을 위해 사원이 존재한다는 충성심이 명확히 존재하고 있는 것에는 감탄했다. 이래서야 마치 에도시대 그대로가 아닌가.

필자는 이러한 사원을 비난하고 있는 것이 아니다. 부정은 부정으로서 규명되지 않으면 안 된다. 그들은 반드시 사리사욕 때문에 위장공작을 행한 것은 아니다. 그리고 사건이 발각되었을 때에는 기소되는 것을 각오하고 책임을 덮어쓰려고 하고 있다. 에도시대의 발상법에 익숙한 필자 등은 이러한 자세에 공감조차 느낀다.

이러한 일본인적(에도시대적?)인 심성을 평가하는 사람도 있다. 전대검검사였던 나가노 요시카즈永野義一 씨는 더글라스 · 그라만사건[2] 때에, "사실대로 말하면 회사가 망하게 된다"며 함구를 한 경리담당사원에 대하여, 다음과 같이 말했다고 한다. "물론, 악질이라면 악질이다. 그러나 나 자신은 중년의 담당자에게 존경심조차 느꼈다."

이것을 소개한 『AERA』(2002년 9월 16일호)는 "전후 부흥기를 뒷받침한 것은 실은 이들과 같은 조그마한 개인들이 아니었던가"라며, 나가노 씨와 같은 입장을 보이고 있다. 필자도 그 점에 대해서는 동감이다. 동시에, 그러한 사원의 충성심만 믿고서 자신만은 살려고 하는 상사의 태도는 용서할 수가 없다.

에도시대라면, 주군이 없어지게 되면 가문은 망하게 되므로 주군을 지키는 것이 자신의 가문을 지키는 일이기도 했다. 그러나 현대에는

---

2) 더글라스 · 그라만 사건은 1978년 2월에 폭로된 무기구입에 관련한 전후 일본의 오직汚職 사건.

회장이나 사장이 없어져도 회사는 존속한다. 회사를 지키기 위해서는 불상사를 일으켰을 때에 내부에서 신속히 진상을 규명하고, 담당자가 솔선해서 책임을 지는 것이 필요할 것이다.

또한 매스컴이나 여론 쪽에서도, '할복자'가 나타나는 것을 기대하는 듯 구경하는 자세를 보인다거나, 누군가가 '할복'하는 것으로 됐지 않느냐 하는 식이 아니라 죄의 정도를 정확하게 파악하여 냉정하게 대응하는 것이 요구되고 있는 것은 아닐까.

할복자를 낸 번들

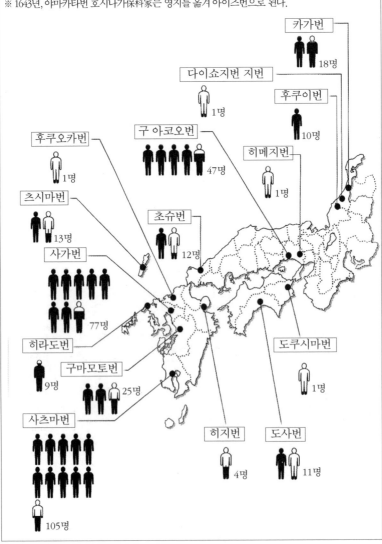

(= 10명)

※ 이 책에서 얘기한 할복자 분포도
※ 구 아코오번赤穂藩에는 아사노 다쿠미노카미浅野内匠頭를 포함시켰다.
※ 1643년, 야마카타번 호시나가保科家는 영지를 옮겨 아이즈번으로 된다.

카가번 18명

다이쇼지번 지번 1명

후쿠이번 10명

후쿠오카번 1명

구 아코오번 47명

히메지번 1명

츠시마번 13명

사가번 77명

초슈번 12명

히라도번 9명

구마모토번 25명

도쿠시마번 1명

사츠마번 105명

히지번 4명

도사번 11명

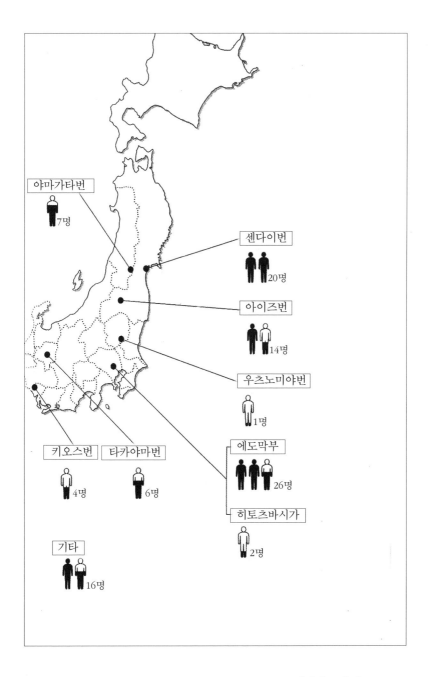

야마가타번
7명

센다이번
20명

아이즈번
14명

우츠노미야번
1명

키오스번
4명

타카야마번
6명

에도막부
26명

히토츠바시가
2명

기타
16명

할복총람―431명의 할복자 리스트

할복 연도	할복자 이름	소속·신분	할복의 종류	비고	본문 게재쪽
988	袴垂	도적	자주적		19
1189	源在経	가마쿠라장군 동생	자주적	전투의 패배	19
1221	伊賀光季(父子)	경도수호光季	자주적	전투의 패배	20
1392	三島外記	호소카와 노리유키의 가신	자주적	오이바라(追腹)	39
1439	足利持氏	가마쿠라쿠보오	자주적	전투의 패배	26
1439	足利義久	가마쿠라쿠보오의 장자	자주적	전투의 패배	26
1521	今井頼弘 등 3명	아사히 스케마사의 가신	형벌		28
1573	印牧弥六左衛門	아사쿠라 요시카게 부교닝	형벌		29~30
1582	清水宗治	빗추 타카마츠성주	자주적	전투의 패배	27
1595	豊臣秀次	전 칸빠쿠	형벌	형식은 자주적	27
1595	不破万作	도요토미 히데츠구 가신	자주적	오이바라	39
1595	山田三十郎	도요토미 히데츠구 가신	자주적	오이바라	39
1604	柘植正勝	에도 바쿠후	형벌	켄카료세이바이	34, 64
1607	管小左衛門	히메지번	형벌	켄카료세이바이	31~34
1607	배의 대들보에 묶 인 무사	사츠마번	형벌	형식은 자주적	31~32
1607	稲垣将監	키요스번	자주적	오이바라	39
1607	石川主馬	키요스번	자주적	오이바라	39
1607	小笠原監物	키요스번	자주적	오이바라	39
1607	佐々喜内	키요스번	자주적	오이바라	39
1607	土屋左馬助	후쿠이번	자주적	오이바라	39
1607	永見右衛門尉	후쿠이번	자주적	오이바라	39
1607	田村金兵衛	후쿠이번	자주적	오이바라	39
1608	桂三左衛門(元時)	쵸슈번	형벌		78~80
1611	島津義久에 대한 순사자 15명	사츠마번	자주적	오이바라	41~42
1611	加藤清正에 대한 순사자 1명	구마모토번	자주적	오이바라	42

1614	最上義光에 대한 순사자 4명	야마가타번	자주적	오이바라	42
1614	松浦鎭信에 대한 순사자 3명	히라도번	자주적	오이바라	42
1615	金森可重에 대한 순사자 2명	다카야마번	자주적	오이바라	42
1618	鍋島直茂대한 순사자 12명	사가번	자주적	오이바라	41~42
1619	島津義久에 대한 순사자 13명	사츠마번	자주적	오이바라	41~42
1620	蜂須賀至鎭에 대한 순사자 1명	도쿠시마번	자주적	오이바라	42
1621	栗砂盛済	에도바쿠후	형벌		35
1623	松平甚三郎	에도바쿠후	형벌		36
1623	依田十左衛門	도쿠가와 타다나가 가신	형벌		36
1623	黑田長政에 대한 순사자 1명	후쿠오카번	자주적	오이바라	42
1625	小幡藤五郎	에도바쿠후	형벌		37~38
1625	毛利輝元에 대한 순사자 1명	초슈번	자주적	오이바라	42
1628	豊島刑部・豊島継重 1	에도바쿠후	형벌	전중 칼부림사건	44
1632	德川秀忠에 대한 순사자 1명	에도바쿠후	자주적	오이바라	42
1633	服部半三郎	에도바쿠후	형벌	켄카료세이바이	
1635	鍋島忠直에 대한 순사자 5명	사가번	자주적	오이바라	42
1636	伊達政宗에 대한 순사자 15명	센다이번	자주적	오이바라	41~42
1636	伊達政宗에 대한 겹순사자 5명	센다이번	자주적	오이바라	42
1637	松浦隆信에 대한 순사자 6명	히라도번	자주적	오이바라	42
1638	島津家久에 대한 순사자 9명	사츠마번	자주적	오이바라	41~42
1640	稲菜左近	가가번	형벌 (賜死?)		89, 109, 204~211
1641	細川忠利에 대한 순사자 19명	구마모토번	자주적	오이바라	41~42
1642	木下延俊에 대한 순사자 4명	히지번(日出藩)	자주적	오이바라	42
1642	夏目伊織	야마가타번	형벌		93~95, 100
1642	内田三十郎	야마가타번	형벌		112~123
1642	永坂三郎右衛門	야마가타번	형벌		115~123

1645	松平忠昌에 대한 순사자 7명	후쿠이번	자주적	오이바라	41~42
1645	鍋島茂賢에 대한 순사자 18명	사가번	자주적	오이바라	42
1645	鍋島茂賢에 대한 겹순사자 4명	사가번	자주적	오이바라	42
1645	細川忠興에 대한 순사자 5명	구마모토번	자주적	오이바라	42
1646	栗田宇右衛門	아이즈번	형벌	켄카료세이바이	65~67
1650	金森重賴에 대한 순사자 4명	다카야마번	자주적	오이바라	42
1651	毛利秀就에 대한 순사자 7명	초슈번	자주적	오이바라	42
1651	德川家光에 대한 순사자 5명	에도바쿠후	자주적	오이바라	42
1651	德川家光에 대한 겹순사자 1명	에도바쿠후	자주적	오이바라	42
1652	廣田源太夫(父子)	가가번	형벌		90~91
1652	宮本四郎左衛門 등 5명	아이즈번	형벌		212~214
1657	鍋島勝茂에 대한 순사자 26명	사가번	자주적	오이바라	41~42
1657	宗義成에 대한 순사자 12명	츠시마번	자주적	오이바라	42
1657	宗義成에 대한 겹순사자 1명	츠시마번	자주적	오이바라	42
1658	前田利常에 대한 순사자 3명	카가번	자주적	오이바라	42
1658	伊藤九郎太郎	아이즈번	형벌	켄카료세이바이	67
1664	水野成之	에도바쿠후	형벌		80
1664	吉田勘右衛門	가가번	형벌	史實의 진위는 불명	92~93
1666	飯田八郎兵術	아이즈번	형벌		75~77
1666	西鄕七兵衛	아이즈번	형벌		124~138
1667	浦野孫右衛門	가가번	형벌		163~177
1667	浦野兵庫	가가번	형벌		164, 169, 171~172
1667	阿岸掃部	가가번	형벌		169, 171~172
1667	駒沢金左衛門	가가번	형벌		171~172
1667	阿岸友之助	가가번	자주적		171~172
1667	宇留地平八	가가번	형벌		172
1667	是清伝右衛門	가가번	자주적		172

1668	奧平忠昌에 대한 순사자 1명	우츠노미야번	자주적	오이바라	42
1674	新貝又之丞	에도바쿠후	형벌	참수였지만 형식은 할복	99
1675	生駒善五郎	아이즈번	형벌 (賜死?)		95~97
1677	柴田柄漏	가가번	형벌		101
1678	竹本三四郎	아이즈번	형벌	켄카료세이바이	68
1678	柴田九郎左衛門	아이즈번	형벌	켄카료세이바이	68
1687	高津孫左衛門	아이즈번	형벌		139~143
1700	志波原武右衛門	사가번	자주적		81
1700	深堀三右衛門	사가번	자주적		81
1701	浅野内匠頭(長矩)	아코오번	형벌	전중 칼부림사건	44-46
1701	深堀領 武士10명	사가번	형벌		80~81
1701	長井九八郎	아이즈번	형벌		151-157
1703	大石内蔵助 등 46명	구아코오번	형벌		46~52
1708	杉本九十郎	가가번	형벌	켄카료세이바이	69-74
1709	前田采女(利昌)	다이쇼지번 지번	형벌	칸에이지에서의 칼부림사건(난심)	52~53
1732	毛利太兵衛	카가번	형벌		101~104
1746	杉山彦一郎	에도바쿠후	형벌		82
1746	美濃部貞庸	에도바쿠후	형벌		82
1754	永吉惣兵衛	사츠마번	자주적		56
1754	江夏次左衛門 등 35명	사츠마번	자주적		56
1754	内藤十左衛門	에도바쿠후	자주적		59~62
1754 ~55	藤井彦八・浜島紋右門衛門 등 14명	사츠마	자주적		56
1755	平田靱負	사츠마	자주적		55, 57~59
1755	竹中伝六	에도바쿠후	자주적		59
1780	高田善蔵	가가번	형벌		89
1784	佐野政言	에도바쿠후	형벌	전중칼부림사건 (난심)	54~55
1791	初鹿野信興	에도바쿠후	형벌 (병사?)		87
1808	樺山主税(久言)	사츠마	형벌		178~184, 189, 193~199
1808	秩父太郎(季保)	사츠마	형벌	공식처분은 유배	178~189, 197~199

1808	清水源左靳門	사츠마	자주적 (?)		188~189, 192
1808	尾上甚五左衛門	사츠마	자주적		188~189, 196
1808	隈元平太	사츠마	형벌	공식처분은 유배	180,189, 192
1808	隈元軍六	사츠마	형벌	공식처분은 유배	189, 192
1808	森山休右衛門	사츠마	형벌 (살해?)	공식처분은 유배	189~192
1808	勝部軍記	사츠마	형벌	공식처분은 유배	189, 192
1808	日置五郎太	사츠마	자주적		189, 191, 193
1808	岡元千右衛門	사츠마	자주적		189, 191, 193
1808	堀甚左衛門	사츠마	자주적		189, 191, 193
1808	小島甚兵衛	사츠마	자주적		189, 191, 193
1808	大重五郎左衛門	사츠마	자주적		189, 191, 193
1834	폐문시각에 늦은 무사	사츠마	형벌	史實의 진위는 불명	12
1834	카이샤쿠에 늦은 무사	사츠마	형벌	史實의 진위는 불명	12
1838	松平靱負	에도바쿠후	형벌		83~85
1842	高屋知久(柳亭種 彦)	에도바쿠후	형벌 (병사?)		86~87
1863	포병으로 근무한 농민	히토츠바시가	형벌	츠메바라	217~218
1864	本多巳之助	히토츠바시가	자주적		13
1864	益田右衛門佐	초슈번	형벌		221~224
1864	福岡越後	초슈번	형벌		221~224
1864	國司信濃	초슈번	형벌		221~224
1868	箕浦猪之吉 등 11명	도사번	형벌		18, 200~201
1868	山岡鉄舟의 부하	에도바쿠후	형벌		218
1747	板倉勝該	에도바쿠후	형벌	전중칼부림사건 (난심)	53~54
1754	音方貞淵	사츠마번	자주적		56

인용사료

머리말

「大名の日常生活」柴田宵曲 편, 『幕末の武家』, 青蛙房, 1971년.

「屠腹=関スル事実」, 『史談会速記録』 제286집, 1916년.

『会津藩家世実記』 제5권, 家世実記刊本편찬위원회 편, 吉川弘文館, 1975년.

1장

『常山紀談』상, 森銑三 교정, 岩波書店, 1938년.

『武辺咄聞書』菊池真一 편, 和泉書院, 1990년.

『伊達政宗記録事跡考記』, 東京大学史料編纂所所蔵謄寫本.

『浅井三代記』(『改訂史籍集覧』 제6, 近藤活版所, 1900년).

『総見記』遠山信春 저, 東京大学史料編纂所所蔵版本.

「池田家履歴略記」「当代記」「菅文書」, 『大日本史料』 제12편의 4, 東京大学史料編 纂所 편, 1903년.

「大日本史料」 제12편의 2, 東京大学史料編纂所 편, 1901년.

「大日本史料」 제12편의 11, 東京大学史料編纂所 편, 1908년.

「大日本史料」 제12편의 38, 東京大学史料編纂所 편, 1958년.

「津軽日記」(『大日本史料』 제12편의 38, 전게).

「元和年録」(『内閣文庫所蔵史籍叢刊』 65, 汲古書院, 1986년).

「江城年録」(『内閣文庫所蔵史籍叢刊』 81, 汲古書院, 1988년).

「治国寿夜話」(『大日本史料』 제12편의 4, 東京大学史料編纂所편, 1903년).

「慶長見聞録案紙」(『内閣文庫所蔵史籍叢刊』 65, 汲古書院, 1986년).

「色道大鏡」畠山箕山 저(『続燕石十種』 제3권, 中央公論社, 1980년).

「大徳院殿御実記」(『新訂増補国史大系 39 徳川実記』 제2편, 吉川弘文館, 1964년).

「堀内傳右衛門覚書」(鍋田晶山 편, 『赤穂義人纂書』 제1, 国書刊行会, 1900년).

「細川家御預始末記」(『赤穂義人史料』중권, 中央義士会 편・渡辺世佑 교정, 雄山閣, 1931년).

「政隣記」(『加賀藩史料』제5편, 侯爵前田家編輯部, 1931년).

『延享録』国立公文書館「内閣文庫」소장.

「伊勢兵部・新納内蔵連署状」(『鹿児島県史料 旧記雑録追録 5』, 鹿児島県維新史料編さん所, 1975년).

「海蔵寺文書」「大嶽善右衛門供述書」「青木次郎九郎聞取書」(伊藤信 저『宝暦治水と薩摩義士』, 鶴書房, 1943년).

「平田靫負書状」(『鹿児島県史料 旧記雑録追録 5』전게).

2장

「大猷院殿御実記」(『新訂増補国史大系 40 徳川実記』제3편, 吉川弘文館, 1964년).

『会津藩家世実記』제1권~3권(전게, 1975~1977년).

『池田光政日記』(藤井駿・水野恭一郎・谷口澄夫 편, 国書刊行会, 1983년).

「政隣記」「三壺記」「袖裏雑記」「五公譜略」「凌新秘策」(『加賀藩史料』제2편~6편, 전게, 1930~1933년).

『毛利氏四代実録考証論断』, 山口県文書館「毛利家文庫」소장.

「長崎喧嘩録」(中尾正美,『郷土史深堀』, 長崎市深堀地区連合自治会, 1987년).

「惇信院殿御実記」(『新訂増補国史大系 46 徳川実記』제9편, 吉川弘文館, 1966년).

『延享録』, 国立公文書館「内閣文庫」소장.

「大奥秘記」(柴田宵曲 편,『幕末の武家』, 青蛙房, 1971년).

「よしの冊子」(安藤菊二 책임편집『随筆百花苑』제8권, 中央公論社, 1980년).

3장

『会津藩家世実記』제1권~5권(전게, 1975~1979년).

4장

「長家御証箱雑記」(『石川県史』제2편, 石川県, 1928년).

「長氏文書」(『加賀藩史料』제4편, 전게, 1931년).

『葉隠』(山本常朝 저, 相良亨・佐藤正英 교정,『日本思想大系 三河物語・葉隠』, 岩波書

店, 1974년).

『文化朋党実録』(山本正誼 저, 京大学史料編纂所所蔵「島津家本」).

5장

「微妙公御夜話」「三壺記」「懐恵夜話」(『加賀藩史料』제2편, 전게, 1930년).

『会津藩家世実記』제1권(전게, 1975년).

「屠腹ニ関スル事実」(전게).

『武道初心集』(大道寺友山 저・古川哲史 교정, 岩波書店, 1943년).

『国司信濃親相伝』(堀山久夫 편저, マツノ書店, 1995년).

인용 및 참고문헌

伊藤信,『宝暦治水と薩摩義士』, 鶴書房, 1943년.

伊藤孝行,「内藤十左衛切腹一件の処理における公的文書の性格」(『名古屋大学古川総合
　　研究資料館報告』7호, 1991년).

石川県 編,『石川県史』제2편, 1928년.

氏家幹人,『江戸藩邸物語』, 中央新書, 1988년.

＿＿＿＿,『大江戸残酷物語』, 洋泉社 y 新書, 2002년.

大隈三好,『切腹の歴史』(復刻版) 雄山閣, 1995년.

笠谷和比古,『主君押し込めの構造』, 平凡社, 1988년.

＿＿＿＿,『近世武家社會の政治構造』, 吉川弘文館, 1993년.

北原進,『百萬都市江戸の生活』, 角川選書, 1991년.

作道洋太郎,「藩札」(『国史大辞典』, 吉川弘文館, 1990년).

杉山博,「永享の乱」(『国史大辞典』, 吉川弘文館, 1980년).

杉木重三,「柳亭種彦」(『国史大辞典』, 吉川弘文館, 1993년).

高木昭作,『日本近世国家史の研究』, 岩波書店, 1990년.

千葉徳爾,『日本人はなぜ切腹するのか』, 東京堂出版, 1994년.

新渡戸稲造,『武士道』, 岩波文庫, 1938년.

原口虎雄,『幕末の薩摩』, 中公新書, 1966년.

堀山久夫 (편저),『国司信濃親相伝』(復刻版) マツノ書店, 1995년).

松田修,『刺青・性・死』, 平凡社選書, 1972년.

三田村鳶魚『敵討の話・幕府のスパイ政治』, 中央文庫, 1997년.

森銑三,「柳亭種彦」(『森銑三著作集』제1권, 中央公論社, 1970년).

山本博文,『寛永時代』, 吉川弘文館, 1989년.

＿＿＿＿,『殉死の構造』, 弘文堂, 1995년.

同葉,『葉隠の武士道』, PHP新書, 2002년.

渡辺世祐,『正史赤穂義士』(復刻版) 光和堂, 1975년.

저자후기

최근 몇 년 사이에 세상에는 '할복자' 사건이 두드러졌다. 맺음말에서 언급한 수입쇠고기의 국산쇠고기 위장사건도 그러하며, 국회의원 정책비서급여의 부정수급의혹도 그러하다. 밀고 등에 의하여 불상사가 발각된 경우에는 큰 타격을 입는다. 백설표식품은 순식간에 해산을 하게 되었으며, 츠지모토 키요미辻元淸美 국회의원과 타나카 마키코田中真紀子 국회의원은 사직했다.

모두가 악질이라고는 하나, 처음 발각되었을 때에는 설마 그렇게까지 될 줄은 몰랐다. 당사자들도 그리 대단하게 생각지는 않고 있었으리라. 세상의 여론이나 사건의 추이는 무서운 것이다.

잘못은 잘못으로서 고쳐져야 하겠지만, 인간에게는 '마음의 미혹'이 종종 발생한다. 무엇 때문에 그런 치사한 잘못을 범하고 말았을까 하고 후회를 한 경험은 누구에게라도 있다고 생각한다. 그러나 사태의 추이는 사소한 잘못이 엄청난 사태로 발전되어가는 것이다.

에도시대의 무사는 사소한 잘못으로 할복을 명령받는 일이 자주 있었다. 이 책에서 소개한 할복자 중에는 과실이라고도 할 수 없는 사소한 실수나, 부주의로 할복을 당한 무사도 있다. 그들은 할복장에서 자신의 우둔함을 원망했을 것이다.

오늘날은 실수나 부주의에 비교적 관대한 시대이지만, 사건 여하에 따라서는 회복할 수 없을 정도로 타격을 받을 수가 있다. 일본은 위기

관리능력이 낮은 국가라고 자주 이야기되지만, 그것도 일본인의 위기 관리능력이 부족하기 때문일 것이다.

회복할 수 없는 사태에 직면하고서는 이미 늦다. '할복'을 당한 자의 행동을 반면교사로 삼아, 그러한 사태에 이르지 않도록 자신의 몸과 행동을 점검해가는 것이 필요하다. 만약, 불행하게도 '할복자' 사건을 불러일으킨 독자가 있다면, 에도시대와는 달리 배를 가를 필요는 없으므로, 다시 한 번 재기해주기를 바란다.

이 책이 완성되기까지, 어려운 시기에 필자를 격려해준 친절한 편집자나 기자들에게 진심으로 감사를 표하고자 한다. 그 중의 한사람으로, 이 책 구상단계에서 계속 관계를 유지해온 광문사光文社 신서新書 편집장인 후루타니 토시카츠古谷俊勝에게도 깊이 감사를 드린다.

2003년 12월

야마모토 히로후미山本博文

역자후기

이 책은 야마모토 히로후미山本博文의 『셋뿌쿠切腹－일본인의 책임지는 방법』(光文社新書 099)을 번역한 것이다.

이 책은 목차를 보면 알 수 있듯이 할복의 사례를 모아 놓은 일종의 사례집과 같은 것으로서 할복의 역사와 그 원인들, 순사와 할복과의 관계, 이하 할복에 이르게 된 다양한 사유별로 할복의 사례를 소개하고 있다. 그래서 인지 할복이 그 당시 무가사회에 구체적으로 어떠한 역할을 했는지 그리고 유·무형적으로 어떠한 영향을 미쳤는지에 대한 기술은 미흡한 편이다.

또한 제도로서의 할복이 사라진 명치시대 이후에 할복의 문화가 어떠한 형태로 일본사회에 영향을 미쳤는가에 대해서도 별로 언급이 되어 있지 않다. 이하, 할복과 불가분의 관계에 있는 무사도와 관련하여 조금 설명하고자 한다.

봉건시대 무사들의 가치관 또는 도덕체계 ─그것을 '무사도'라 한다면─ 속에서 살아 온 사람들은 생활 그 자체가 무사도의 구현이었을 것이다. 그럼에도 불구하고 막상 무사도가 무엇인가 라고 질문을 받는다면 즉답을 하기가 어렵다. 그것은 우리의 문화가 선비문화라고 할 때, 그 선비문화가 무엇인가라는 질문에 대해 느끼는 당혹함과 유사하다. 때문에 무사도를 설명하는 하나의 개념인 '할복'만으로는 후대에 미친 영향이랄까 문화를 설명하기에는 한계가 있다고 생각한다.

사실, 니토베 이나조오新渡戶稻造의 그 유명한『무사도』도 서양의 그리스도교 도덕에 대응하는 일본의 도덕이 무엇인가를 질문 받고 고민한 끝에 집필된 서적이라는 것은 널리 알려진 사실이다. 니토베는 무사도를 일본인의 도덕체계로서 자리매김한 뒤, '의義'·'용勇'·'인仁'·'예禮'·'성誠'·'명예'·'충의'·'극기'·'할복(자살방법)'·'칼(무사의 혼)' 등등의 개념을 설정하여 설명했다. 니토베에 따르면 '할복'은 무사도를 구성하는 하나의 정신적인 가치관인 동시에 강렬한 시각적인 효과를 가지는 의식이기도 했다. 그러나 일반적으로 인식하고 있는 무사도란 명치 이후에 에도시대의 무사의 윤리관·미의식을 재편·재해석한 것이거나, 혹은 본래의 무사도와 명치기의 재해석이 혼동된 것을 가리키는 경우가 많아, '만들어진 고전'의 전형적인 한 예라고 보는 이들도 있다. 니토베의『무사도』도 지나치게 서양사회를 의식한 감이 있어, 진정한 무사도를 표현한 것인지 약간의 의문도 갖게 된다. 참고로, 니토베가 미국에서 출판한『무사도』가 명치 중기 이후에 역수입·소개되어 소화昭和시대에 접어들면서 일종의 사상서로서 군부에 이용된 역사적 사실도 있다.

　한편, 무사도와 관련하여 니토베의 저서와 함께 자주 거론되는 책이 야마모토 츠네토모山本常朝의『하가쿠레葉隱』[3]라는 기록이다.『하가쿠레』는 에도시대 중기(1716년경)에 출판된 책으로, 히젠국肥前国 나베시마번鍋島藩의 번사 야마모토 츠네토모가 무사로서의 마음가짐에 대한

---

3) 이 '葉隱'라는 제목은 사이교오법사(西行法師, 1118-1190)가 지은 시집 「산가집山家集」 속의 '恋'라는 장(章)에 있는 다음과 같은 사랑 시에서 유래한다고 하다.

寄残花恋(남은 꽃에 마음을 두는 사랑)
葉隠れに散りとどまれる花のみぞ忍びし人に逢ふ心地する
(잎 그늘에 아직도 떨어지지 않고 있는 꽃을 발견했을 때에는, 늘 만나고 싶다고 연심을 품어 온 그대와 만난 기분입니다)

개인적 견해를 '무사도'라는 용어로 설명한 말들을 다시로 츠라모토田代
陣基가 받아 적은 것이다. 책속의 '죽어서도 늘 주군을 생각한다'는 말이
나, '무사도란 죽는 것이다'라는 말들은 너무나 유명해진 문구들이다.
항상 죽음을 의식해서 자성하는 태도를 가질 것을 설파하고 있다. 비
슷한 시기의 다이도오지 유우잔大道寺友山, 1639-1730의 『무도초심집武道初心
集』도 이와 유사한 사상을 담고 있다.

그런데 『하가쿠레』는 당시 유학의 영향으로 성립되어 있었던 '사도
士道'와는 너무나도 동떨어진 사상이라 번 내에서도 금서취급을 받았는
데, 차츰 번사들에 대한 교육의 핵심서로서 중요시되어 '나베시마논어
鍋島論語'라고도 불려졌다. 후일, '무사도란 죽는 것이다'라는 부분만이
강조되어 무사도정신으로서 군대교육에 이용되어 태평양전쟁 시에 옥
쇄나 자결을 부추기는 근거가 되기도 했다.

그러나 『하가쿠레』의 저자 야마모토 츠네토모 자신이 '나도 사람이
다. 사는 것이 좋다'라고 말했듯이, 『하가쿠레』는 죽음을 미화하거나
자결을 부추기기만 하는 기록은 아니다. 본문 중에는 싫어하는 상사와
의 술자리를 정중하게 거절하는 방법이나, 부하의 실수를 잘 처리하는
방법과 같은 현대사회의 성공매뉴얼에 있을 법한 기술記述이 많다. 심
지어는 동성애衆道의 방법에 대한 설명 등도 있어, 일반적으로 생각하
는 무사도와는 거리가 먼 내용도 있다. 무사도가 '만들어진 고전'이라
고 보는 이유의 일단도 바로 여기에 있다 하겠다.

어쨌든 무사도와 죽음과는 매우 밀접한 관계가 있는데, 이 책의 주
제인 할복은 명치시대 이후에는 제도로서는 사라졌지만 할복을 명예
로운 죽음으로 생각하는 사상은 그대로 남았다. 명치 이후에 할복을

한 유명인으로서는 노기 마레스케乃木希典 육군대장, 레이테해전에서 특
공작전을 지휘한 오오니시 타키지로오大西瀧治郎 해군중장, 스즈키 칸타
로오鈴木貫太郎 내각의 육군대신이었던 아니미 코레치카阿南惟幾 육군대
장, 작가인 미시마 유키오三島由紀夫 등이 있다. 이들 외에도 할복으로 목
숨을 끊은 사람은 많다.

이 책에는 많은 할복 자들에 얽힌 다양한 사연들이 소개되어 있다.
각각의 사례에 대한 감상은 독자의 자유이자 권리이다. 할복은 생각만
해도 소름이 끼치고 무서운 자결방법이다. 특히 카이샤쿠에 의해 목이
날아가는 장면을 상상만 해도 뒷맛이 개운치가 않다.

그런데 할복은 '무사가 죄를 보상하고 잘못을 사죄하고 수치를 면하
고 벗에게 속죄하거나 혹은 자기의 성실을 증명하는 방법'으로, '극도
의 냉정한 감정과 침착한 태도가 없고서는' 실행할 수 없는, 무사에게
어울리는 '세련된 자살'이었다고, 이 책에서는 말하고 있다.

막말 유신기에 일본에서 근무했던 영국인 외교관 어네스트 사토Sir
Ernest Mason Satow도 히젠번사 다키 젠사부로오瀧善三郎의 할복장소에 임석
한 다음, 일기에 다음과 같이 적고 있다.[4]

> 할복은 혐오스러운 구경거리가 아닌, 지극히 품위 있고 예의바른 하나의 의식儀
> 式으로, 영국인이 자주 뉴게이트감옥 앞에서 대중의 오락을 위해 개최하는 것
> (처형식)보다도, 훨씬 더 엄숙한 것이다. 이 죄인과 같은 번의 번사들은 우리들
> 에게 이 (할복명령)선언은 공정한 것이며, 자비로운 것이라고 말했다.

무사는 지배계층이다. 다른 말로 하면 정치를 하는 주체이다. 정치

---

4) 어네스트 사토 저, 坂田精一 역『一外交官の見た明治維新』하권, 岩波文庫, 青, 425-2, 166쪽.

주체는 살아감에 있어 일어나는 수많은 다양한 사건에 대한 처리능력을 가지고 있다고 간주되는 집단이다. 할복에는 무사가 책임을 지는 통치자이기에 죽음도 스스로 결정한다는 의미가 포함되어 있다는 점을 강조하고 싶다. 스스로 책임을 진다. 자신의 죽음에 대해서도. 그런 무사에게 있어 무책임은 무능력·겁쟁이와 같은 말이었을 것이다.

마지막으로 이 책이 독자 여러분에게 일본인의 책임지는 방법에 대한 일단의 지식을 제공함과 동시에, 일본적 책임지는 방법의 긍정적 측면과 부정적인 측면을 동시에 생각하는 계기를 제공하게 되기를 바라 마지 않는다.

이 책의 출간을 흔쾌히 승낙해주신 논형의 소재두 사장님께 깊이 감사를 드린다.

2013년 12월
이원우

색인